W0180050

Sven Hartung

»... *sonst bin ich ganz normal*«

Leben mit dem
Tourette-Syndrom

Unter Mitarbeit von Ann Holzapfel

Mit einem Beitrag von
Prof. Dr. Aribert Rothenberger

Rasch und Röhring Verlag

Die Deutsche Bibliothek – CIP-Einheitsaufnahme

Hartung, Sven:
. . . sonst bin ich ganz normal : Leben mit dem Tourette-
Syndrom / Sven Hartung. – Hamburg : Rasch und Röhring, 1995
ISBN 3-89136-551-9

Copyright © 1995 by Rasch und Röhring Verlag, Hamburg
Großer Burstah 42, 20457 Hamburg, Fax 040/37 13 72
Redaktion und Konzeption: Ann Holzapfel
Umschlaggestaltung: Peter Albers, Fotos: Frank W. Hempel
Satzherstellung: Otto Gutfreund, Darmstadt
Druck- und Bindearbeiten: Clausen & Bosse, Leck
Printed in Germany

Inhalt

Vorwort

Andreas saß in der Schule zwei Reihen vor mir. Er hatte schwarze Locken und ein großes Muttermal über dem Mund. Das habe ich noch so gut in Erinnerung, weil seine Lippen ständig in Bewegung waren und zuckten, dazu stieß Andreas manchmal komische Laute aus. Wir haben natürlich oft darüber Witze gemacht und gelacht. Andreas war ein dankbares Objekt unserer kindlichen Späße und Grausamkeit. Die Lehrer haben so getan, als ob sie das seltsame Verhalten von Andreas gar nicht bemerkten; nur einmal hat ihn unser Mathematiklehrer, vor die Tür geschickt, rein disziplinarisch, denn, »wenn der Andreas will, dann kann er damit auch aufhören«. Weinend verließ der Siebenjährige damals das Klassenzimmer.
Manchmal haben wir Andreas auch nachgeäfft. Dann wurde es besonders schlimm mit seinen Zuckungen. Das ganze Gesicht schien außer Kontrolle zu sein. Er legte seinen Kopf auf seine Arme und verbarg ihn so lange, bis seine unfreiwilligen Grimassen aufhörten. Später trennten sich unsere Wege, und jahrzehntelang habe ich nicht mehr an Andreas gedacht, an seine merkwürdigen Zukkungen und Geräusche.

Erst heute weiß ich, was mit Andreas los war. Andreas litt an dem Tourette-Syndrom, einer bis heute kaum erforschten Krankheit, an der allein in Deutschland etwa 40 000 Menschen leiden.

Ein Zeitungsartikel weckte in mir die Erinnerung an Andreas und zugleich meine Neugier. Ich wollte mehr über diese Krankheit erfahren. Seitdem bin ich vielen Tourette-Kranken begegnet und habe mich mit ihnen über ihre Krankheit unterhalten. Viele von ihnen suchten fast ihr ganzes Leben lang verzweifelt einen Namen für das »Es« in ihnen, das mit ihrem Körper spielt wie ein Puppenspieler mit einer Marionette. Bis heute kennen nur wenige Ärzte die Krankheit, und selbst Spezialisten gibt das Tourette-Syndrom – das einige auch als »Schluckauf im Gehirn« bezeichnen – immer noch Rätsel auf. Vielen Betroffenen werden daher falsche Medikamente verschrieben, oft wissen sie gar nicht, daß sie ihre ständigen Tics und Zuckungen dem Tourette-Syndrom verdanken. Noch schlimmer als dieses medizinische Versagen ist für die meisten Tourette-Kranken allerdings »unser« Umgang mit ihnen. Fast jeder von ihnen erlebt ähnliches wie Andreas. Eltern, Freunde, Mitschüler und Arbeitskollegen sind, oft unbedacht, verletzend, und die Kranken, die sonst eigentlich »ganz normal« sind, fühlen sich gedemütigt.

Wer sich die Mühe macht, diese Menschen näher kennenzulernen, wird rasch feststellen, was für interessante Charaktere und Persönlichkeiten sich hinter den unfreiwilligen Grimassen und Zuckungen verbergen. Vier von ihnen möchte ich in diesem Buch vorstellen, ihren individuellen Umgang und Kampf mit dem Tourette-Syndrom:

Mitten im Training schreit er plötzlich los, vor oder nach seinen Würfen zuckt er mit dem Kopf, der Hüfte oder den Beinen. Um seine Schuhe zu binden, braucht er manchmal zehn Minuten, und nach einem verlorenen Spiel kann er seine zahlreichen »Tics« kaum noch kontrollieren. Der 25jährige amerikanische Profibasketballer *Mahmoud Abdul-Rauf* von den Denver Nuggets leidet seit seiner Kindheit an dem rätselhaften Tourette-Syndrom, gehört aber trotzdem zu den Superstars der US-Basketballprofiliga NBA. Durch sein Engagement für andere Betroffene hat er die Krankheit in den Staaten bekannt gemacht. Viele Tourette-Kranke in den USA haben erst durch den Auftritt des Basketballstars in Talkshows etwas über ihre Krankheit erfahren.

Einer dieser Betroffenen ist der 27jährige *Stefan Wilkens* aus Frankfurt. Erst als er vor vier Jahren in den USA studierte und dort einen Bericht über einen »ticenden« Baseballspieler las, fand er einen Namen für die Krankheit, an der er schon seit seiner Kindheit leidet.
Jeden Tag absolviert Stefan Wilkens durch die ständigen Tics und Zuckungen das Pensum eines Marathonläufers. Noch schlimmer als die körperlichen Schmerzen sind jedoch die vielen Zwangshandlungen, unter denen der 27jährige leidet. Immer wieder wird er von sogenannten Autoaggressionen überfallen, das Tourette-Syndrom zwingt ihn dann, sich selbst zu verletzen. Stefan Wilkens unternahm schon einige Selbstmordversuche, weil er das Leben mit den Tics nicht mehr aushielt. Heute gilt er als »medizinisches Wunder«, denn schon seit mehreren Monaten ist er fast »Tic-frei«.

Immer wieder wird der Unterricht in der 13. Klasse der Jugenddorf-Christophorusschule in Braunschweig durch die lauten Schreie und unfreiwilligen Grimassen des Abiturienten *Christian Hempel* unterbrochen. Seine Mitschüler haben sich im Lauf der Zeit an Christians Tics gewöhnt, hören seine Schreie schon gar nicht mehr. Doch für den 21jährigen ist die Krankheit bis heute etwas Fremdes, die andere Seite seines Ichs.

Selten verläßt Christian Hempel sein Internat in Braunschweig. Jeder Einkauf in der Stadt wird für ihn zum Spießrutenlauf. Viele Menschen halten ihn wegen seiner starken Vokaltics, Grimassen und Zuckungen für geistesgestört.

Seit einigen Monaten studiert Christian BWL in Lüneburg, macht seine ersten Gehversuche in einer für ihn neuen, aber auch rauhen Wirklichkeit.

Für den 32jährigen *Marcel Weickart* aus Kiel ist bereits ein kurzer Anruf eine wahre Tortur. Er leidet an einer speziellen Symptomatik des Tourette-Syndroms, der »Koprolalie«. Zwanghaft und unvorbereitet müssen Betroffene wie Marcel Flüche oder Obszönitäten ausstoßen. Ständig nennt er völlig unbeteiligte oder unbekannte Personen »Arschloch« oder »Fotze«. Schon öfter geriet der Tourette-Kranke deswegen in Schlägereien oder Auseinandersetzungen. Er ist bis heute arbeitslos, weil keine Firma bereit ist, dieses »Krankheitsbild« bei einem Angestellten zu akzeptieren.

Daß es sich bei allen hier dargestellten Betroffenen ausschließlich um männliche Tourette-Kranke handelt, liegt zum einen daran, daß prozentual mehr Männer vom Tourette-Syndrom betroffen sind, zum anderen waren die weiblichen Tourette-Kranken, mit denen wir gesprochen haben, aus unterschiedlichen Gründen nicht bereit, ihre Geschichte zu veröffentlichen.

Auch bei Stefan Wilkens haben wir seinen Wunsch, nicht mit seinem richtigen Namen genannt zu werden, berücksichtigt. Auf die Darstellung der unterschiedlichen Symptome hat dies jedoch keine Auswirkung. Vielmehr ist es ein weiteres Indiz für das begründete Mißtrauen vieler Betroffener gegenüber ihrer Umwelt, das auch in diesem Buch thematisiert und angeschnitten wird.

So verschieden die Biographien dieser jungen Männer sind, so unterschiedlich ist ihr Tourette-Syndrom. Jeder Patient hat andere Symptome. Durch die Geschichten dieser vier jungen Menschen erfährt der Leser Stück für Stück mehr über diese tückische, aber auch interessante Krankheit.

Bereits vor 2000 Jahren wurde sie das erstemal beschrieben. Ein kurzer Abriß über die Geschichte dieser Tic-Krankheit erzählt, wie das Tourette-Syndrom entdeckt und im Zuge des medizinischen Fortschritts unterschiedlich interpretiert wurde.

Über den aktuellen Stand der Ursachenforschung gibt der Experte Aribert Rothenberger von der Universität Göttingen in einem Gespräch Auskunft. Ebenso über Fragen nach Behandlungsmöglichkeiten, Heilungschancen oder den Umgang mit Tourette-Kranken.

Um zu zeigen, wie Tourette-Kranke mit ihrer Krankheit umgehen, hat die Niederländische Tourette-Gesellschaft (Stichting Gilles de la Tourette) vor kurzem ein Comic zu diesem Thema hergestellt. Der unbefangene, spielerische und humorvolle Umgang des Comics mit dem Tourette-Syndrom ist vorbildhaft und somit in seiner deutschen Übersetzung eine sinnvolle Ergänzung des Buches.

Auch zum Schluß wird das Bild dieser komplexen Erkrankung unvollständig bleiben. Ein sicherlich unbefriedigendes Ende, ebenso unbefriedigend wie für die Betroffenen selbst. Vielleicht ein Anstoß, sich noch mehr damit auseinanderzusetzen und neue Wege zu diesen außergewöhnlichen, oft überaus intelligenten Menschen zu finden.

Hamburg, im Juli 1995   Sven Hartung

»Die Suche nach Perfektionismus«
Der amerikanische Basketballstar
Mahmoud Abdul-Rauf

Ich sitze im Flugzeug nach Denver. 14 Stunden dauert der Direktflug, und schon am nächsten Morgen werde ich zusammen mit meinen Kameraleuten einen der großen Stars der US-Basketballliga NBA treffen: Mahmoud Abdul-Rauf von den Denver Nuggets. Was ich über ihn weiß, ist nicht sehr viel. 25 Jahre ist er alt, nur 1,85 Meter groß, ungewöhnlich klein für einen Basketballspieler. Sein geschätzter Jahresverdienst liegt bei vier Millionen Dollar. Mehr Informationen geben die Sportartikel über den Basketballstar nicht her. Von seiner Krankheit, dem Tourette-Syndrom, steht in diesen Auflistungen nichts. In der härtesten Basketballliga der Welt zählen nur die Leistung auf dem Basketballcourt, gewonnene Spiele und getroffene Körbe. Daß sich Mahmoud hier trotz seiner Krankheit einen festen Platz erkämpft hat, ist selbst für Basketballexperten bis heute ein Wunder. Warum, das verstehe ich erst, als ich Mahmoud das erstemal selbst gegenüberstehe.

Noch bevor ich mich vorstellen kann, greift er plötzlich und unerwartet nach unten und klopft auf den Boden. Kaum wieder oben angekommen, läßt er seinen Kopf in

rasender Geschwindigkeit kreisen. Dreimal, viermal, bis ich schon Angst habe, daß sich der Kopf vom Hals trennen könnte. Dann wirft Mahmoud vollkommen unkontrolliert nacheinander seine Arme und Beine in alle Richtungen, als wären sie aus Gummi. Seine Augen blinken dazu wie eine Lichtorgel, die ein surreales Inszenario erhellt. Alles scheint nach einer bestimmten Ordnung abzulaufen, einer Gesetzmäßigkeit, die Mahmoud allerdings nicht versteht und gegen die er sich auch nicht wehren kann.

»Tics« nennen sich diese rätselhaften Befehle des Tourette-Syndroms, über hundert dieser Tics halten Mahmoud täglich in Atem. Auch während er redet, machen sie sich bemerkbar. Mitten im Satz verselbständigt sich seine Stimme, und der farbige Basketballspieler schreit plötzlich los. Ich versuche, mir meine Verwunderung darüber nicht anmerken zu lassen. Doch Mahmoud sind unsere irritierten Blicke nicht entgangen. Fast entschuldigend versucht er in Worte zu fassen, für was es eigentlich keine Worte gibt:

»Ich habe viele solcher Tics und Geräusche, die plötzlich kommen. Ich bin mir dieser plötzlichen Zuckungen und Schreie zwar bewußt, ich weiß, wann sie kommen, aber manchmal kann ich sie einfach nicht kontrollieren. Ich brauche ein gutes Gefühl, das heißt, ich muß die Tics so lange machen, bis ich mich gut fühle. Das ist oft sehr frustrierend. Aber ich muß damit leben, und ich versuche es jeden Tag erneut.«

Nach dieser ebenso kurzen wie eindrucksvollen Vorstellung schnappt sich Mahmoud den nächsten Ball und fängt an zu trainieren. Mittlerweile haben auch seine Teamkollegen ihre Interviews beendet, und Coach Dan Issel

15

spricht mit ihnen über das verlorene Spiel vom Vorabend. Immer wieder werden die ruhigen und mit tiefer, sonorer Stimme vorgetragenen Erläuterungen des Trainers durch Mahmouds staccatoartige, durchdringende Schreie unterbrochen. Ziemlich laut hallen sie durch die riesige, leere McNichols Sports Arena, doch zu unserer Verwunderung registriert sie niemand. Weder der alte Mann, der mit größter Akribie das teure Parkett auf Hochglanz bohnert, noch die Mitspieler oder der Trainer scheinen Mahmouds laute Schreie zu hören. Ruhig wartet der 44jährige jeden neuen Vokaltic ab und redet dann einfach weiter. Auch die Sportreporter blicken nicht einmal auf, besprechen statt dessen mit ihren Kameraleuten die nächsten Einstellungen und ihre geplanten Interviewfragen.

Seit über 15 Jahren arbeitet Ron Zappollo als Sportreporter, berichtet für seine Station KUSA in Denver als Sportsanchorman über Körbe und Taktiken der Denver Nuggets und natürlich auch über Mahmoud, dessen atemberaubende Karriere er von Anfang an miterlebte. Er kann unsere Verwunderung gut nachvollziehen, denn am Anfang ging es ihm genauso wie uns.

»Wenn du das erstemal seine Tics siehst und seine Schreie hörst«, erklärt er verständnisvoll, »dann bist du erst mal geschockt. Kennst du ihn dann länger, gewöhnst du dich daran und verstehst, was mit Mahmoud los ist. Und wenn er mal nicht schreit oder zuckt, dann denkst du, was ist los mit ihm. Ganz ehrlich, am Anfang habe ich mich schon erschrocken, aber schon nach kurzer Zeit, egal ob im Flugzeug, im Training oder in der Umkleidekabine, rechnest du mit seinen Tics und wunderst dich nicht mehr darüber.«

Inzwischen hat der Nuggetsspieler mit der Nummer drei

das Wurftraining begonnen, fasziniert beobachten wir jede seiner geschmeidigen Bewegungen. Wenn er direkt neben seinen Teamkollegen steht, wirkt er zerbrechlich, fast kindlich.

Seine Statur, seine Beine gleichen eher denen eines Zwölfjährigen. Mit seinen 1,85 Metern wiegt er nur 77 Kilo. Das Leichtgewicht scheint nicht geeignet für dieses harte und kräftezehrende Spiel, das in der NBA alles andere als »körperlos« von den überwiegend athletischen Spielern betrieben wird. Früher war Mahmoud nicht nur äußerlich ein Außenseiter. Seine Mitspieler hielten seine Tics und unfreiwilligen Schreie für Scherze und zogen den Neuling ständig damit auf. Auch der riesige 2,17 Meter große Afrikaner Dikembe Mutombo, neben dem Mahmoud wie ein Zwerg wirkt, wußte anfangs nicht, was er von seinem neuen Mitspieler halten sollte. Sieben Sprachen spricht der Ausnahmeathlet aus Zaire, doch für das Tourette-Syndrom Mahmouds fand er anfangs keine Worte. Lächelnd gesteht er: »Ich sag dir was, ich habe zwei Jahre gebraucht, um zu kapieren, warum mein Mitspieler Mahmoud ständig zuckt und schreit. Es war ziemlich ungewohnt für mich. Wir dachten immer, es ist nur ein Joke, und haben immer gelacht. Es hat lange gedauert, bis wir erkannt haben, daß der Mann wirklich krank ist. Das war nicht fair von uns.«

Mahmoud litt damals – wir er uns später erzählte – sehr unter dem Spott und Unverständnis seiner Mannschaftskameraden, doch heute haben sich alle an ihn und seine Tics gewöhnt und ihn ins Herz geschlossen – auch Dikembe Mutombo. Selbst wenn er deswegen manchmal nachts kein Auge zukriegt:

»Besonders schlimm ist es, wenn du im Hotelzimmer neben ihm schläfst. Äh, ä, aä, so geht das die ganze Nacht. Da denkt man schon: Ach, Mahmoud hör doch auf. Doch dann versucht man seine Geräusche zu vergessen und schläft irgendwann ein. Man kann ihn ja nicht einfach ablehnen, weil er krank ist. Wir lieben ihn, er ist unser Freund, und wir versuchen, ihm soviel Unterstützung zu geben, wie wir können.«

Unser Gespräch mit dem riesigen Dikembe Mutombo wird jäh unterbrochen. Aus allen Ecken hallen uns Mahmouds Schreie entgegen, verstärkt durch das Echo in der Halle. Und richtig, nicht nur Mahmoud schreit, sondern auch einige seiner Mannschaftskollegen. Fast wirkt es so, als ob die Mannschaft der Denver Nuggets in diesem Moment nur aus Tourette-Kranken besteht. Dikembe Mutombo stimmt ebenfalls in diesen ungewöhnlichen »Tourette-Chor« ein und erklärt uns anschließend mit einem breiten Grinsen:

»Wir lachen fast jeden Tag darüber. Selbst wenn Mahmoud nicht schreit, machen wir es. Wir lachen heute mehr darüber als früher. Zuerst haben wir ihn nur beobachtet. Jetzt fängt fast jeder damit an, und keiner weiß eigentlich, wer gerade schreit. Mahmoud oder einer von uns. Wenn du mit ihm darüber lachen kannst, dann bist du dem Menschen wirklich verdammt nahe. Spaß zu haben oder auch mal darüber zu lachen, das ist eben unsere Art, mit dem Tourette-Syndrom von Mahmoud umzugehen.«

Nach diesem »Solidartic« seiner Kollegen muß auch Mahmoud lächeln, wirkt irgendwie erleichtert, und seine zahlreichen Tics sind fast verschwunden.

Doch das Tourette-Syndrom gönnt ihm nur eine kleine Verschnaufpause. Trainer Dan Issel hat das Training inzwischen beendet, doch während Dikembe Mutombo und die anderen Nuggetsspieler schon unter der Dusche stehen, wirft Mahmoud immer weiter auf den 3,05 Meter hohen orangefarbenen Korb. Eine weitere Seite des Tourette-Syndroms offenbart sich: die »Zwangshandlungen«. Viele Tic-Patienten sind davon betroffen. Ständig müssen sie bestimmte Dinge wiederholen oder gegen ihren Willen ausüben. Bei Mahmoud ist es jetzt das Werfen des Basketballs. Fast willenlos ist er dem Syndrom ausgeliefert. Nur wenn er den 650 Gramm schweren Ball in einem bestimmten Bogen und Rhythmus und mit einem gleichlautenden Geräusch in den Korb wirft, kann er damit wieder aufhören.

Das kann manchmal Stunden dauern. Bis zur totalen Erschöpfung steht Mahmoud dann auf dem Basketballcourt, ist unfähig zu gehen, bis er ein »gutes Gefühl« hat oder es »perfekt« ist, wie er selbst sagt. Dieses Wort hören wir fast immer, wenn Mahmoud über sein Leben mit dem Tourette-Syndrom spricht:

»Ja, man ist ein Perfektionist, man muß bestimmte Sachen immer wieder machen. Wenn ich zum Beispiel eine Kanne berühre und sie sich nicht richtig anfühlt, muß ich sie immer wieder anfassen, bis alles genau richtig ist. Das gleiche beim Lesen. Manche Sätze muß ich immer wieder lesen, wenn die einzelnen Wörter nicht richtig über meine Lippen kommen, wenn ich nicht die genaue Bedeutung des einzelnen Wortes verstehe. Sogar beim Basketballspielen ist das so, wie ihr gesehen habt. Wenn der Ball nicht so in den Korb fällt, wie ich das will, dann muß ich immer weiter werfen. Es ist ein Kampf, aber das ist gut so.«

Viele Tourette-Kranke finden wegen dieser Zwangshandlungen keinen Job oder werden deswegen arbeitslos.

Mahmoud hat dagegen von seinem unfreiwilligen Perfektionismus auch profitiert. Kein anderer Spieler der Profibasketballiga NBA hat im vergangenen Jahr so viele Freiwürfe verwandelt wie Mahmoud. Sein perfekter Wurfstil und seine große Konzentrationsfähigkeit, die er braucht, um seine vielen Tics bisweilen zu kontrollieren, haben ihn von der Freiwurflinie unschlagbar gemacht. Mit der Präzision eines Schweizer Uhrwerks trifft er dann den Korb.

Nach dem Training hat der Basketballstar noch ein bißchen Zeit für uns und zeigt uns die Stadt, in der er es zu Berühmtheit und Wohlstand gebracht hat. Äußeres Zeichen dieses sozialen Aufstiegs ist ein weißes 500er Mercedes Coupé, mit dem der 25jährige uns stolz durch das von den Rocky Mountains umschlossene Denver fährt. Während der Sightseeing-Tour erzählt uns Mahmoud, wie seine ungewöhnliche Karriere begann.

Als Sohn eines weißen Vaters und einer farbigen Mutter, der Serviererin Jacqueline Jackson, kommt er 1969 in Gulfport Mississippi zur Welt. Er ist der mittlere von drei Brüdern, alle sind von unterschiedlichen Vätern. Das Tourette-Syndrom, glaubt Mahmoud heute, hat er von seiner Mutter geerbt. Zehnmal hintereinander kontrollierte Jacqueline Jackson, ob die Tür abgeschlossen war, oder sie schlief nicht im Bett, sondern davor. Bis heute ist allerdings nicht vollkommen geklärt, ob das Tourette-Syndrom vererbt wird.

Wie viele andere NBA-Stars lernt Mahmoud das Basketballspiel auf den Hinterhöfen seiner Heimatstadt. Für ihn ist Streetball die einzige Möglichkeit zum sozialen Aufstieg in einer sonst hoffnungslosen Welt. Er lernt schnell, sich durchzuboxen. In der High-School von Gulfport macht er schon als Jugendlicher eine steile Karriere auf dem Basketballcourt. Zweimal wählt man ihn in Mississippi zum Spieler des Jahres.

Sobald Mahmoud die Sporthalle verläßt, verblaßt sein Ruhm. Viele Mitschüler halten ihn wegen seiner ständigen Zuckungen und lauten Schreie für geistesgestört, hänseln ihn und äffen seine Tics nach.

Damals konnte er das Tourette-Syndrom noch schlechter kontrollieren als heute. Als er über diese Zeit spricht, verschwindet das sympathische Lächeln aus seinem Gesicht; man merkt ihm noch heute an, wie schwer diese Zeit für ihn gewesen sein muß. Eine Geschichte kann er bis heute nicht vergessen:

»Es war in der High-School. Ich stand damals vor einem Spiegel. Meine Tics waren so schlimm, daß ich sie nicht kontrollieren konnte. Ich sah mich im Spiegel, sah meine Tics und versuchte, sie zu stoppen. Aber die Tics hörten nicht auf. Sie wurden immer schlimmer, mein Nacken schmerzte, ich konnte nichts dagegen tun. Ich fing an zu beten: ›Bitte, Gott, hilf mir, hilf mir, die Tics zu stoppen.‹ Danach ging ich ins Schlafzimmer, ich war durch die ständigen Tics total kaputt. Ich legte mich hin und weinte, doch selbst, als ich lag, zuckte mein ganzer Körper weiter. Das war das Schlimmste, was ich jemals erlebt habe.«

Kein Arzt konnte Mahmoud damals helfen. Achselzuckend stehen sie den Tics des Teenagers gegenüber oder vermuten, daß der spätere Basketballstar an Epilepsie leidet. Sie verschreiben Mahmoud starke Mittel, doch die haben schlimme Nebenwirkungen und machen ihn erst richtig krank. Heimlich beschließt er, sie nicht mehr zu nehmen, und versteckt sie hinter der Waschmaschine im Badezimmer. Seine heutigen Leistungen auf dem Basketballcourt beweisen, daß diese Entscheidung richtig war. Bereits mit 19 Jahren ist Mahmoud als Basketballspieler eine lebende Legende. In seinem ersten Jahr an der Universität von Louisiana stellt er mit 55 Punkten einen neuen Rekord in der Collegeliga auf, spielt zusammen mit dem späteren Weltstar Shaq O'Neill in einer Mannschaft. Schnell werden die Talentsucher der NBA auf Chris Jackson aufmerksam – so hieß Mahmoud früher, bevor er seinen Namen aus religiösen Gründen änderte.

Als Mahmoud bei einem Besuch zu Hause feststellt, daß seine Mutter nur Eier und Wasser im Kühlschrank hat, beschließt der damals 21jährige, Armut und Slums für immer hinter sich zu lassen. Nach zwei Jahren bricht er das College ab und unterschreibt einen Profivertrag bei den Denver Nuggets.

Doch die erste Begeisterung des jungen Spielers ist schnell verflogen. Durch falsche Beratung und Ernährung verliert Mahmoud seine spielerische Eleganz, wird schwerfällig und korpulent. Schon nach kurzen Sprints ist er erschöpft, sitzt fast nur auf der Ersatzbank. Hintergrund der Entwicklung: Sein damaliger Coach Paul Westhead hat kein Vertrauen zu dem merkwürdigen jungen Spieler mit den Tics. Er fühlt sich von dessen lauten Schreien in den taktischen Besprechungen gestört und rät ihm zu starken Medikamenten, um seine Krankheit zu unterdrücken. Das Resultat ist verheerend.

Die Reflexe des Basketballspielers werden durch die neuen Medikamente immer schlechter. Erst als Trainer Westhead wegen Erfolglosigkeit gefeuert wird, erhält Mahmoud eine wirkliche Chance. Sein neuer Trainer, Dan Issel, kennt den jungen Spieler noch vom College, weiß, welches Talent in ihm schlummert.

Issel, der früher selbst ein gefeierter Basketballspieler bei den Denver Nuggets war, schafft es in nur wenigen Monaten mit viel Einfühlungsvermögen und Verständnis für die Krankheit und die besondere Situation seines Pointguards Mahmoud, ihm das verlorene Selbstvertrauen wieder zurückzugeben. Gern erinnert er sich daran zurück: »Als ich den Job hier bekam, war Mahmoud der erste, mit dem ich sprach. Ich erzählte ihm, daß ich einige seiner Collegespiele gesehen habe und daß er mehr Talent hat, als er es bisher hier in Denver gezeigt hat. Laß uns neu anfangen, du bist mein Mann, habe ich ihm damals unter vier Augen gesagt, und Mahmoud tat den Rest. Er nahm fast 22 Pfund in einem Jahr ab und ist jetzt voll austrainiert und in guter Verfassung. Und seitdem ich hier in Denver bin, hat Mahmoud sich ständig verbessert.«

Als wir um die nächste Kurve biegen, erzähle ich Mahmoud, was sein Trainer über ihn gesagt hat. Freudestrahlend blickt er mich an, wie ein kleiner Junge. In diesem Moment wird mir klar, daß es keine bessere Medizin für Tourette-Kranke gibt als Lob und Anerkennung ihrer Persönlichkeit. Mahmouds Tics erlauben mir nicht länger, darüber nachzudenken. Mitten auf einer zweispurigen Bundesstraße verdreht er seinen Kopf wie ein Kranich in Richtung Sonnendach. Außerdem läßt er ständig das Lenkrad los, um es dann wieder kurz anzutippen und zu testen, ob »es sich gut anfühlt«.

Fast fünf Minuten dauert dieser Tic-Anfall, zur allgemeinen Beruhigung erzähle ich Kameramann André auf deutsch, daß es selbst Chirurgen gibt, die trotz ihres Tourette-Syndroms erfolgreich operieren. Mich und mein Team befällt trotzdem ein mulmiges Gefühl. Doch nichts passiert, wir erleben nicht einmal eine gefährliche Situation. Mahmoud ist trotz dieser starken Anfälle immer Herr der Lage.

Dan Issel hat – anders als wir – nie das Vertrauen in die Willensstärke seines Spielers verloren, das Syndrom zu überwinden. Und der Erfolg gibt dem sensiblen und einfühlsamen Coach recht. 1993 wählt die NBA Mahmoud zum »Most Improved Player«, zum Spieler, der sich in diesem Jahr am meisten verbessert hat. Ein großer Tag in seinem Leben.

Diesen Durchbruch zum Weltklassespieler hat er jedoch nicht nur seinem Trainer zu verdanken. Als er vor drei Jahren ein Buch des Schwarzenführers Malcolm X las, konvertierte er zum Islam. Fünfmal täglich geht er zum Beten in die Moschee Abu Baker in Denver. Auch hierhin nimmt uns der Basketballstar mit. Schon von weitem sind Halbmond, Gebetsturm und Moscheekuppel zu sehen.

Wenn Mahmoud vom Islam erzählt, taucht das Wort »perfekt« noch öfter auf als beim Basketballtraining oder während der Autofahrt. Ein vom Tourette-Syndrom diktierter Perfektionismus, der keine Kompromisse erlaubt. Wegen seines neuen Glaubens verließ er sogar Ehefrau Kim, weil sie es ablehnte, nur noch hochgeschlossene Kleider zu tragen, und weil sie weiter Weihnachten feiern wollte. Trotzdem glaubt auch sie, daß der Islam für Mahmoud die »perfekte« Religion ist. Das fünfmalige Beten und die vorherigen rituellen Waschungen sind für gläubige Moslems die ständige Erinnerung, daß nicht weltliche Dinge, sondern allein Allah für ihr Leben verantwortlich ist. Der Gedanke, daß Allah Mahmoud durch die zahlreichen Tics ebenfalls ständig an seine Allmacht und Präsenz erinnert, lag für den gläubigen Baskettballstar daher nicht fern. Jemand, der ständig tict, zuckt und unfreiwillig schreit, wird fast alle fünf Sekunden schmerzlich daran erinnert, daß er nicht selbst die Kontrolle über sich und seinen Körper hat. Auch Mahmouds Suche nach Perfektionismus hat ein Äquivalent im Islam. In der islamischen Mystik, dem Sufismus, ist das ständige Streben nach einer perfekten göttlichen Daseinsform, eine »Vergottung« des Menschen, die zentrale Glaubensgrundlage. Schließlich finden sich in der Biographie des Religionsstifters Mohammed Parallelen zum Tourette-Syndrom. Seine epilepsieartige Reaktion, als er die Weisheit Allahs empfängt, erinnert Mahmoud in der Schilderung des Korans sehr an die eigenen Tics, die für ihn ein Ausdruck des Göttlichen in ihm sind.

Mit der gleichen Hartnäckigkeit, mit der Mahmoud zwei Stunden zuvor den Ball auf den Korb warf, hat er sich seit seiner Bekehrung an die strengen Regeln des Korans gehalten. Während des Fastenmonats Ramadan verlor er die überflüssigen Pfunde, die er sich aus Frust aufgeladen hatte. Doch nicht nur äußerlich veränderte sich Mahmoud durch den Islam, seine Tourette-Krankheit empfand er fortan nicht mehr als Belastung, sondern als Herausforderung, als eine besondere Prüfung Allahs. Für kurze Zeit, beim Gebet, schafft er es, seine Tics völlig zu vergessen.

Solange wir mit ihm in der Moschee sind, tict er kein einziges Mal. Hier hat er endlich den inneren Frieden gefunden, nach dem er so lange gesucht hat. »Der Islam ist für mich die korrekte, natürliche und perfekte Art zu leben«, vertraut er uns dann auch ganz stolz an.

»Wir glauben ganz fest daran. Es kommt direkt von Allah, Gott, darum bin ich heute ein Moslem, ich fühle, daß es einfach perfekt ist, nichts ist damit vergleichbar. Der allmächtige Gott gab mir mein Leben, und ich muß damit irgendwie klarkommen. Jeder Mensch hat seine Schwächen und Fehler. Es ist deine Aufgabe, diese Schwächen und Fehler herauszufinden und zu bezwingen. Gott schenkte mir das Basketballspielen und den Islam, um dem Tourette-Syndrom gewachsen zu sein.«

Auch seine Einstellung zum Basketball hat sich seitdem geändert. Nicht für die eigene Karriere, nicht für seinen Coach, die Fans oder seine Mitspieler steht Mahmoud heute auf dem 26 mal 13 Meter großen Spielfeld, sondern »allein um Allah zu dienen«. Sein schönstes Erlebnis war deshalb auch nicht das überraschende Erreichen der Finalrunde mit seinem Team, sondern seine Reise nach Mekka. Um seinen neuen Glauben auch nach außen zu dokumentieren, änderte der Basketballprofi 1994 seinen Namen Chris Jackson und nennt sich seitdem Mahmoud Abdul-Rauf, was übersetzt »elegant, lobenswert, barmherzig und liebenswürdig« heißt. Stolz zeigt uns Mahmoud seinen Führerschein mit dem neuen Namen. Doch nicht überall stieß er auf Begeisterung. Mutter Jacqueline konnte das anfangs alles nicht verstehen und war empört, daß Mahmoud den Namen verleugnete, den sie für ihn ausgesucht hatte. Außerdem fürchtete die überzeugte Christin, daß Mahmoud nicht nur sie, sondern auch Gott verraten habe. Sie fragte ihn damals, wer Allah sei und warum er nicht mehr an Gott glaube.

»Sie verstand nicht«, erinnert sich Mahmoud, »daß Allah Gott ist. Sie respektierte zwar, was ich tat, aber sie verstand mich nicht. Das war auch der Grund, warum ich einige Zeit wartete, bis ich meinen Namen änderte. Als ich es dann tat, hörte ich einige Zeit nichts von ihr, dann sprach sie eine Nachricht auf meinen Anrufbeantworter: ›Mahmoud, hier ist deine Mutter.‹«

Am meisten ärgerte sich Mahmoud aber über die Intoleranz vieler Fans. Obwohl sein neuer Name schon längst auf der Rückseite seines weiß-rot-schwarzen Trikots eingestickt war, feierten ihn die Fans bis vor kurzem nach spektakulären Situationen oder erzielten Punkten immer noch als Chris Jackson. Irgendwann riß dem Nuggetsspieler der Geduldsfaden. Mitten in einem Spiel rannte er während einer kurzen Spielunterbrechung auf einen Fanblock zu. Dort stellte er sich mit dem Rücken zu den Fans, zeigte auf seinen Namen und sagte laut: »Mahmoud Abdul-Rauf«. An den Ausgang dieses Spiels erinnert sich heute niemand mehr. Doch Mahmouds Bitte haben sich die Fans zu Herzen genommen. Der Name ›Chris Jackson‹ taucht seit diesem Abend nur noch in alten Statistiken auf. Auch über das Tourette-Syndrom wissen die Menschen in Denver Bescheid. Kaum ein Taxifahrer oder Kellner hat nicht schon von der rätselhaften Nervenkrankheit des beliebten Basketballspielers gehört. Sogar in der Schule steht das Tourette-Syndrom auf dem Unterrichtsplan.

Eine neue Facette dieser Krankheit lernen wir am nächsten Morgen kennen. Während Dikembe Mutombo und die anderen Mitspieler noch zu Hause frühstücken, ist Mahmoud schon in der Umkleidekabine. Er ist immer der erste. Nachdem wir fünfzehn Minuten auf ihn gewartet haben, wissen wir auch, warum. Mahmoud ist unfähig, die Umkleidekabine zu verlassen, denn wieder mißt sich das Tourette-Syndrom mit ihm. Diesmal muß er den Kampf mit seinen eigenen Schnürsenkeln aufnehmen. Immer wieder versucht er, sie zuzubinden und eine Schleife zu machen, doch ohne Erfolg. Fast wirken die Schnürsenkel ferngesteuert durch eine fremde Macht, die verhindern will, daß Mahmoud diese einfache Aufgabe bewältigt. Als wir in die Umkleidekabine kommen, versucht Mahmoud mit nach unten gebeugtem Kopf und immer noch mit dem Zuknoten beschäftigt, sein Nichterscheinen zu entschuldigen:

»Wenn die Schnürsenkel nicht richtig über meine Finger gleiten, muß ich es immer wieder versuchen. Für andere ist das unbedeutend, aber wenn es nicht richtig ist, muß ich wieder von vorne anfangen. Es muß eben genau richtig sein. Es ist schwierig, sich so seine Schuhe zu binden, es ist ein Kampf, wenn es nicht genau so läuft, wie ich es will, muß ich es immer wieder machen.«

Experten haben herausgefunden, daß fast jeder Tourette-Kranke über dieses »genau richtig« seine eigenen Vorstellungen hat. Mahmoud sucht während seiner 15minütigen Auseinandersetzung mit den Schnürsenkeln vermutlich nach einer bestimmten Symmetrie und einer bestimmten Schwingung, die er erst dann verspürt, wenn alles »genau richtig« ist. Erst, wenn sich dieses Gefühl bei Mahmoud einstellt, kann er mit dem Training beginnen. Nicht immer schafft er das, manchmal sind die Tics und seine Zwangshandlungen so schlimm, daß er zu Hause bleiben muß.

Immer schwerer fällt uns die Vorstellung, daß derselbe Mann, der fünfzehn Minuten braucht, um sich seine Schuhe zu binden oder sein Auto abzuschließen, in der Lage ist, in der teuersten und härtesten Liga der Welt mitzuspielen. Gespannt erwarten wir daher das abendliche Spiel der Denver Nuggets gegen die Phoenix Suns; einer der Höhepunkte dieser Saison. Vor 19 000 begeisterten Fans werden Mahmoud und seine Mitspieler in der ausverkauften McNichols Sports Arena wie Showstars präsentiert. Seit Tagen fiebern sie schon diesem Prestige-duell entgegen, denn bei den Suns spielt einer der Super-stars der Basketballiga. In den Staaten ist er fast bekannter als der Präsident: NBA-Bösewicht Charles Barkley. In Deutschland kennt man den massigen, glatzköpfigen Bas-ketballspieler aus zahlreichen Werbespots für Sport-schuhe. Doch auch Sir Charles, wie er ehrfürchtig ge-nannt wird, hat großen Respekt vor der Willensstärke sei-nes Gegenspielers. Er ist fasziniert, wie selbstverständlich Mahmoud mit seiner Krankheit umgeht.

»Ich habe schon vorher einiges über das Tourette-Syn-drom gelesen«, erzählt er uns zwischen fünf anderen In-terviews für amerikanische Zeitungen und Fernsehsender.

»Ich habe auch schon andere Menschen kennengelernt, die am Tourette-Syndrom leiden. Keine Basketballspieler, ganz normale Leute. Es ist nicht einfach, damit zu leben, aber Mahmoud hat das echt gut hingekriegt. Mann, wenn jemand mit dieser Krankheit in der NBA spielt, dann macht er seinen Job verdammt gut.«

Nicht immer behandeln ihn seine Gegenspieler allerdings mit dem nötigen Respekt und Feingefühl. Ein Profi aus Indiana fragte Mahmoud zum Beispiel während eines Spiels in einem sehr sarkastischen Ton, ob er vor ihm Angst habe, weil er ständig zucke. »Nein, weil deine Mut-ter das gern mag«, antwortete der dem verdutzten Spieler. Doch während des ganzen Spiels ärgerte Mahmoud sich darüber und spielte sehr schlecht und unkonzentriert. Heute muß er darüber lachen, seit er im Islam seine gei-stige Heimat gefunden hat, laufen solche Provokationen bei ihm ins Leere.

An diesem Dienstag in der McNichols Sports Arena wer-den wir Zeugen einer eindrucksvollen Vorstellung. Mahmoud macht an diesem Abend sein bestes Saisonspiel, jeder Wurf findet wie mit einem Zirkel gezogen sein Ziel. Anmutig, grazil und reaktionsschnell wirken seine Aktionen auf dem Court. Ein Glücksfall, Tics und normale Bewegungen verschmelzen in solchen Momenten harmonisch miteinander zu einer Spielmelodie. Der »Tourette-Strom« beginnt zu fließen. David Aldridge, ein Jazzmusiker, der ebenfalls am Tourette-Syndrom leidet, prägte diesen Begriff, indem er seine ungezügelten und unkontrollierten Tics in seine Musik einbezog und harmonisch mit ihr verschmolz.

Sein Medium ist die Musik, für Mahmoud ist es das Basketballspielen. Eine weitere Eigenschaft des Tourette-Syndroms kommt Mahmoud an diesem Abend zu Hilfe. Die Reaktionszeit einiger Betroffener, so fand der amerikanische Neurologe und Bestsellerautor (u. a. »Zeit des Erwachens«) Oliver Sacks bei der Untersuchung eines Tourette-kranken Karatekämpfers heraus, ist wesentlich kürzer als die eines gesunden Menschen. Und wirklich: Immer ist Mahmoud an diesem Abend ein paar Sekunden früher am Ball als die anderen Spieler, scheint zu ahnen, welche Wege die orangefarbene Kugel nimmt. Fast übermenschlich wirkt seine überlegene Vorstellung. 25 Punkte erzielt Mahmoud an diesem Abend für sein Team. Doch trotz seiner guten Leistung machen Charles Barkley und seine Phoenix Suns das Spiel. Als die Niederlage feststeht, wird Mahmoud immer unzufriedener, und seine Tics werden wieder stärker. Der Tourette-Strom ist durch die bessere Mannschaftsleistung der Suns genauso jäh unterbrochen worden, wie er begonnen hat. Kaum einer von Mahmouds Würfen findet noch sein Ziel. Seine runden und harmonischen Bewegungen sind ebenfalls plötzlich verschwunden. Seine ganze Motorik wirkt jetzt unkoordiniert und hilflos.

Als Mahmoud kurz vor Abpfiff deswegen ausgewechselt wird und auf der Bank sitzt, muß er ständig zucken und schreien. Auch dafür gibt es in der NBA eine Statistik. Kein anderer Weltklassespieler wird so oft ausgewechselt wie Mahmoud. Die Schattenseiten des Tourette-Syndroms.

102 : 107 heißt das Endergebnis. Unter der riesigen Anzeigewand, die dieses Resultat für jeden weithin sichtbar verkündet, laufen Mahmoud und seine Mitspieler mit hängenden Köpfen in ihre Umkleidekabine. Alle sind enttäuscht, besonders Mahmoud. Denn gerade für dieses Spiel hatte sich das junge Team von Dan Issel so viel vorgenommen. Doch jetzt ist dieser Traum, den Superstar Charles Barkley und sein Team zu schlagen, zerplatzt wie eine Seifenblase.

In der Umkleidekabine das gleiche Bild, fassungslos werden die Statistiken überflogen, die Blessuren versorgt und dem verlorenen Spiel nachgetrauert. Zwischen den nackten und hitzig diskutierenden Basketballspielern bewegt sich ein ganzer Journalistentroß, um noch zwischen Dusche und Spind das verlorene Spiel zu bilanzieren und Interviews mit den Besiegten zu führen.

Mahmoud ist kaum noch in der Lage, diese Fragen zu beantworten. Er kann seine zahlreichen Zuckungen und blitzartigen Bewegungen fast gar nicht mehr kontrollieren. Nach außen hin versucht sich Mahmoud nichts anmerken zu lassen. Er macht sich sogar selbst darüber lustig: »Mann, hätte ich gestern nur nichts getrunken, heute habe ich einen ganz schönen Kater.« Doch niemand lacht darüber. Zu offensichtlich ist jetzt, da er nur ein Handtuch um seine Hüften trägt, unter welcher starken Belastung und Anspannung sein Körper durch die ständigen Tics steht. Jeder einzelne Muskel zeichnet sich bei den Tics wie ein Relief auf seinem Körper ab, der Basketballspieler wirkt vor seinem blauen Spind mit der Nummer drei wie ein einziges zuckendes Knäuel. Nicht nur der Gegner, sondern auch das »Es« in ihm, das Tourette-Syndrom, hat an diesem Abend gewonnen.

Niederlagen, die Mahmoud trotz seiner Popularität fast täglich einstecken muß. Zum Beispiel, wenn Frauen ihn beschimpfen, weil sie seine unfreiwilligen Schreie als billige »Anmache« empfinden, oder wenn er in Restaurants, die er das erstemal besucht, dezent darum gebeten wird, das Lokal so schnell wie möglich zu verlassen.

Mahmouds wirkliche Probleme sind aber nicht diese äußerlich sichtbaren Symptome oder das mangelnde Verständnis und die Intoleranz seiner Mitmenschen, sondern die innere, dunkle Seite des Tourette-Syndroms: Aggressions- und Wutgefühle, die nach persönlichen Enttäuschungen und Niederlagen wie heute abend so übermächtig sind, daß Mahmoud manchmal fürchtet, sie könnten ihn überwältigen. »Ja, ich bin dann auch aggressiv«, gesteht er sich ein, als das Syndrom in ihm wieder etwas zur Ruhe gekommen ist: »Wenn ich mich ärgere, wütend oder nervös bin, dann werden auch die Tics immer stärker. In solchen Momenten richten sich diese Aggressionen auch gegen mich selbst. Wenn ich dann etwas anfasse und es sich nicht gut anfühlt, dann schlage ich fest dagegen, auch wenn es weh tut und ich mich dabei verletze, ich kann nicht aufhören. Ich weiß, das klingt lächerlich, aber manchmal kann ich einfach nicht verstehen, was mit mir passiert.«

Auch die Wissenschaft hat für diese urplötzlichen Wut-
anfälle und Tics keine befriedigende Erklärung parat.
Man rätselt noch immer, wie die Gefühlsaufwallungen
mit den Tics und beide mit dem freien Willen der betroffenen Menschen zusammenhängen.
Auch Aussicht auf Heilung gibt es bisher für Tourette-
Kranke nicht. Weil sich Mahmoud trotz dieser frustrieren-
den Forschungslage nie aufgegeben hat, ist und bleibt er
für die knapp 100 000 Amerikaner, die wie er am Tourette-Syndrom leiden, ein Hoffnungsträger. Durch seine
große Popularität und seinen großen persönlichen Einsatz
für Betroffene in den Medien hat er die Krankheit in den
Staaten bekanntgemacht. Er hat außerdem dazu beigetragen, daß die meisten Tourette-Kranken nicht mehr falsch
diagnostiziert werden, auf der Couch von Psychoanalyti-
kern oder in Irrenhäusern landen.

Am letzten Tag erfahren wir jedoch, daß weder seine Berühmtheit noch sein Engagement oder seine sportliche Leistung Mahmoud zum Vorbild für andere Betroffene macht. Vielmehr ist es die Tatsache, daß der Basketballstar gelernt hat, sein Schicksal mit allen seinen Schwierigkeiten zu akzeptieren. Das Tourette-Syndrom ist für Mahmoud nichts Fremdes mehr, wie noch am College, sondern ein wichtiger Bestandteil seiner eigenen Identität. In unserem letzten Interview mit Mahmoud wird es uns endgültig klar. Mahmoud akzeptiert sein Leben heute, wie es eben ist: ein Leben mit den Tics.

»Ich habe das Gefühl, das Tourette-Syndrom hat mir in meinem Leben geholfen, mich zu perfektionieren, nicht nur im Islam, sondern auch in vielen anderen Lebensbereichen«, gewinnt er seiner rätselhaften Krankheit auch positive Seiten ab. »Ich glaube, Gott hat mir dieses Syndrom gegeben, denn es ist nicht nur ein Kampf, Tourette-krank zu sein, sondern es zeigt dir auch deine persönlichen Grenzen. Es bringt dich dazu, dich immer daran zu erinnern: Ich bin von Gott abhängig. Ich kann nichts ohne ihn tun. Tourette ist ein ständiger Kampf, aber es hat mir in meinem Leben auch die Augen geöffnet. Wenn ich nicht Tourette-krank wäre, wäre ich nicht so, wie ich heute bin.«

Ein Lächeln huscht über das Gesicht des Basketballstars, gefolgt von einem Tic, der seine Gesichtszüge für den Bruchteil einer Sekunde entgleiten läßt. »Wenn ich die Chance hätte, das Tourette-Syndrom loszuwerden, würde ich die Krankheit behalten, denn ich lebe schon so lange damit. Tourette ist ein Teil von mir geworden.«

»Loriot war meine beste Medizin«
*Stefan Wilkens**

Stefan Wilkens ist der erste Tourette-Kranke, den ich kennenlerne. Vieles habe ich vor dieser Verabredung gelesen.
Fachliteratur und biographische Schilderungen von Betroffenen. Ich möchte auf dieses erste Treffen vorbereitet sein,
will nicht durch erstaunte Blicke auffallen oder den 27jähri-
gen gar mit meiner ungezügelten Neugier verärgern.
Doch es kommt alles ganz anders. Wir sind in einer Frankfurter Szenekneipe verabredet und verziehen uns in eine
abgelegene Ecke, »damit wir in Ruhe reden können«, wie
Stefan meint. Schon nach fünf Minuten sind meine guten
Vorsätze dahin, zu faszinierend und bizarr sind Stefans
Tics, fast jede Sekunde überrascht er mich mit einer
plötzlichen Verrenkung, reißt den Kopf ruckartig herum,
blinzelt mit den Augen und zuckt an sämtlichen Körper-
teilen. »Manchmal ist es so extrem mit dem seitlichen
Kopfzucken, daß ich vorgestern am Schreibtisch dachte,
ich hätte mir eine Sehne durchgerissen«, erzählt er mir
dann eher beiläufig. »Es hat so weh getan, daß ich dachte,
ich hätte mir etwas kaputtgemacht. Aber es ging dann

* Name und Wohnort wurden auf Wunsch geändert.

wieder. Doch ich habe viele Tics, die Sie auf den ersten Blick gar nicht bemerken. Im Bauch habe ich es sehr extrem, da zuckt dann die Bauchmuskulatur nach innen und nach außen und im Moment auch in den Oberschenkeln und in den Füßen sehr stark, so daß ich Schwierigkeiten beim Gehen habe.«

Ein Tic von Stefan Wilkens fällt mir jedoch sofort auf, denn er kommt mir in diesem Augenblick sehr gelegen. Mehrmals dreht er sich mitten im Gespräch einfach um und blickt in die rechte Ecke der gegenüberliegenden Wand. So kann ich dieses entfesselte Ticen, das fast ohne Unterbrechung wie eine Naturgewalt aus dem schlanken, zierlichen Mann mit den blonden Locken herausbricht, bisweilen unbemerkt beobachten. Doch dieses ständige Wegblicken und Umdrehen macht mich auch unsicher. Während unseres Gesprächs komme ich mir fast die Hälfte der Zeit so vor, als hielte ich einen Monolog, der mein Gegenüber nicht im geringsten interessiert.

»Reden Sie ruhig weiter«, ermuntert mich Stefan, als er merkt, daß ich ins Stocken gerate. »Auch wenn ich mich immer wegdrehen muß, höre ich Ihnen zu. Gestern abend ist mir in einer Diskothek das gleiche passiert. Mit einer Freundin stand ich in einer Warteschlange, und ich gucke wieder in so eine Ecke« – ob er mir diesen Blick des gestrigen Abends zur Illustration nochmals vorführt oder ob er erneut einen seiner zahlreichen Tics hat, vermag ich nicht zu sagen. Dann fährt er fort. »Die Frau hinter mir guckte sich auch um und dachte, da ist jetzt etwas ganz Spannendes, und ich sagte: ›Nee, nee, da ist nichts, ich guck' da nur hin, weil ich eine Nervenkrankheit habe.‹ Dann sagte sie: ›Ach, Gott sei Dank, ich dachte schon, jetzt fällt die Decke hier runter, so wie bei Asterix, der hatte ja auch

immer Angst, daß ihm der Himmel auf den Kopf fällt.‹
Ich sagte dann: ›Nee, nee, keine Angst‹ und erntete allge-
meines Gelächter. Das war irgendwie lustig.«
Auch ich muß darüber lachen, und danach ist das Eis
gebrochen. Im Lauf des Gesprächs werde ich immer weniger von Stefans Tics abgelenkt, und da er sich sehr auf
unsere Unterhaltung konzentriert, werden seine Zuckungen und ruckartigen Kopfbewegungen auch schwächer.
Stunden sitzen wir noch in Stefans Lieblingscafé, und er
erzählt mir über sein gemeinsames Leben mit dem Tourette-Syndrom. Schon in der Grundschule machte es sich
zum erstenmal bemerkbar.
»Das erste, was bei mir aufgetaucht ist, und das ist bei
vielen Tourette-Kranken wohl so, ist der Räuspertic«, erinnert er sich an die Anfänge seines rätselhaften Leidens.
»Ich hatte das Bedürfnis, mich ständig zu räuspern. Das ist
dann irgendwann wieder weggegangen. Es ist eben so, daß
die Tics sich ständig ändern und ersetzt werden durch
andere Tics. Man weiß nie, was als nächstes kommt.«
Im Unterricht bemerkten einige seiner Freunde zwar dieses Räuspern, doch niemand dachte sich etwas dabei,
auch die Eltern von Stefan unternahmen nichts. Selbst als
die Tics nach der vierten Klasse bei Stefan zunahmen,
stieß er damit bei seiner Mutter eher auf Ablehnung als
auf Verständnis. Die Eltern waren von den »Abnormitäten« ihres Sohnes überfordert, versuchten, sie zu ignorie-
ren, oder reagierten gereizt:
»An eine Situation erinnere ich mich genau, ich hatte den
Tisch im Wohnzimmer gedeckt, da war eine Schiebetür
zur Küche, und ich dachte, es sieht mich keiner. Ich habe
ziemlich stark getict, in dem Moment öffnete meine Mutter die Schiebetür und machte mich nach. Und das ist

öfter vorgekommen. Immer wieder hat sie das gemacht und gesagt, ich solle das mal lassen. Es war fast so eine Art Aggressivität, als wenn ich etwas dafür könnte. Ich dachte dann auch, alles sei meine Schuld, und sagte zu mir selbst: ›Menschenskind, du mußt es dir doch abgewöhnen.‹ Aber es ging ja nicht.«

Mit zunehmender Intoleranz der Eltern werden die Tics des Schülers immer schlimmer. Nach den ersten Zuckungen im Kopfbereich gehen sie nach und nach auf den ganzen Körper über. Trotzdem schafft Stefan den Sprung ins Gymnasium. Hier kommt dann das Bedürfnis hinzu, sich ständig um- oder wegzudrehen. Doch zielstrebig absolviert Stefan auch diese Hürde, besteht sein Abitur und fängt an, Jura zu studieren. Das viele Lesen, Grundvoraussetzung für dieses Studium, stellt ihn allerdings vor fast unüberwindbare Probleme:

»Sie können sich das gar nicht vorstellen, wenn Sie sich ständig wegdrehen und wegzucken, brauchen Sie ja zehnmal solange, um ein Buch zu lesen. Ich konnte dabei auch nicht ruhig sitzen bleiben und habe Bücher im Stehen gelesen. Das kam dann auch noch dazu.«

Immer wieder hofft der junge Student, daß er irgendwann ein normales Leben führen kann, versucht ständig, gegen diese unbekannte Krankheit, die seit seiner Kindheit kein Arzt in den Griff bekam oder benennen konnte, etwas zu unternehmen. Doch auch alternative Medizin, Yoga, Buddhismus und autogenes Training verschaffen ihm keine Erleichterung. Die letzte Chance, an die er sich klammert, ist ein Ortswechsel. Er entschließt sich, sein Studium in den USA fortzusetzen, und hofft, daß ihm das Tourette-Syndrom nicht mit über den großen Teich folgt: »Ich hatte mehrere Stipendien und hab' mich dann für

Kalifornien entschieden, auch wegen der Sonne, habe dann dort angefangen und in meinen Seminaren eigentlich auch bis zum Schluß unheimlich gute Beurteilungen bekommen«, erzählt er und zeigt mir Fotos aus dieser Zeit. »Um mir mein Studium zu finanzieren, habe ich in einer Sprachschule Deutschkurse gegeben. Am Anfang hat alles gut geklappt, aber mit der Krankheit wurde es dann schlimmer, eigentlich am schlimmsten. In dieser Zeit habe ich dann auch mit einem Freund eine Autotour durch Amerika gemacht. Wir haben uns mit dem Fahren abgewechselt. Während der Tour habe ich gemerkt, daß ich gar nicht mehr Autofahren kann. Es wurde richtig gefährlich, ich guckte mich ständig um. Stundenlang ging das so, und zweimal kam ich auf die andere Straßenseite. Zu der Zeit wußte ich noch nicht, daß ich die Krankheit habe. Ich dachte, ›wie kannst du jetzt nur erklären, daß du dich nicht mehr ans Steuer traust?‹ Es war furchtbar, ich hatte schreckliche Schuldkomplexe.«

Nach diesem Schockerlebnis mit dem Auto und den ständigen Ängsten, daß sein Reisegefährte irgendwann genauso auf ihn reagiert wie damals seine Mutter, werden die Tics immer schlimmer. Auch treten bei Stefan immer öfter »Zwangshandlungen« auf. Das Tourette-Syndrom beeinflußt dann nicht nur die Motorik der Betroffenen, sondern äußert sich auch durch ungewollte Verhaltensauffälligkeiten. Ihnen ist Stefan genauso hilflos ausgeliefert wie seinen Zuckungen und plötzlichen Drehungen. »Ich hab' mich fast nicht mehr getraut zu unterrichten«, erinnert er sich, »weil es vorher und nachher immer unwahrscheinlich stressig war. Ich hatte wahnsinnige Angst davor, vor 30 Leuten zu stehen und dem Zwang zu unterliegen, jemanden anzufassen oder mir zwischen die Beine zu fassen. Einmal wäre es mir zum Beispiel fast vor einer Gruppe von Leuten passiert – allein hab' ich das übrigens nicht, nur wenn mich jemand anguckt. Es war mir natürlich auch peinlich, und ich mußte mich wahnsinnig konzentrieren, damit so etwas nicht geschieht und ich meine Hand noch rechtzeitig wegziehen konnte. Die Leute haben das zwar sicher gemerkt, aber dann so getan, als wäre nichts.«

Hin- und hergerissen zwischen Persönlichkeiten wie Dr. Jekyll und Mr. Hyde fühlte sich der begabte Student damals und zerbrach fast an diesem inneren Kampf. Doch er traute sich auch nicht zu einem Arzt zu gehen, fürchtete, daß dieser denken könnte: »Du bist bekloppt.«

Eines Tages liest ein Bekannter durch Zufall in einer Zeitung einen Artikel über den populären amerikanischen Baseballspieler Jim Eisenreich, der, wie der Basketballstar Mahmoud Abdul-Rauf, am Tourette-Syndrom leidet. In dem Zeitungsbericht wurden fast die gleichen Symptome beschrieben, die Stefan schon seit Jahren bei sich selbst beobachtet hatte. Einige Tage später geht er zum Arzt und hat Glück. Der behandelnde Neurologe ist ein Baseballfan und kennt die Krankheit des Minnesota Twins Spielers aus den Medien. Sofort diagnostiziert er bei seinem deutschen Patienten das Tourette-Syndrom. Nach 23 Jahren hat Stefan Wilkens endlich einen Namen für das gefunden, worunter er schon sein ganzes Leben lang leidet:

»Obwohl ich durch diese Diagnose wußte, daß ich eine unheilbare Krankheit habe, war ich in dem Moment, als ich davon las und mir der amerikanische Arzt davon erzählte, sehr glücklich.« Man merkt Stefans Schilderungen bis heute an, wie sehr diese medizinische Erkenntnis sein Leben veränderte. »All meine Schuldgefühle, die ich mein ganzes Leben lang gehabt habe, fielen plötzlich von mir ab. All die Jahre dachte ich, es wäre meine Schuld, daß ich Leute belästigt habe, und nun konnte ich wenigstens sagen, du kannst nichts dafür.«

Die für ihn befreiende Diagnose setzt bei dem Studenten neue Energien frei. Trotz des großen gesundheitlichen Handikaps schließt er sein Jurastudium in Kalifornien ab.

»Ich konnte auch diesen Abschluß nur mit irrsinnigen Anstrengungen machen, ohne daß meine amerikanischen Kommilitonen allerdings etwas davon gemerkt haben«, beschreibt er seine außergewöhnliche Energieleistung. »Stundenlang habe ich gebraucht, um etwas zu lesen oder zu schreiben, da ich ständig zwischendurch aufstehen und zucken mußte. Ich habe nachts gearbeitet, damit es keiner sieht. Es hat keiner gemerkt, daß ich zehnmal so lange gebraucht habe wie alle anderen.«

Danach bewirbt sich Stefan um ein Stipendium an der renommierten Universität in Yale und bekommt sofort einen der heißbegehrten Plätze. Doch jetzt machen ihm die Tics, die er sonst immer besiegen konnte, einen Strich durch die Rechnung. Sie werden immer stärker und beeinträchtigen zunehmend seinen Alltag. An eine dreijährige, konzentrierte Beschäftigung mit einem Promotionsthema ist nicht zu denken. Seine ganzen Hoffnungen, ja die gesamte Lebensplanung fallen den Tics zum Opfer. Er fliegt wieder zurück nach Deutschland.

»Das war furchtbar.«

Die Enttäuschung über diesen unfreiwilligen Schritt ist ihm immer noch anzusehen. »Ich hätte es theoretisch geschafft, ich hatte das Stipendium. Ich hätte da leben können, und dann ist alles kaputtgegangen. Mir ging es damals ziemlich beschissen.«

Aus Amerika zurückgekehrt, ist Stefan arbeitslos, hat kein Geld für eine eigene Wohnung und zieht wieder bei seinen Eltern ein. Aus dem hoffnungsvollen, akademischen Talent ist ein Sozialfall geworden.

»Ich kann jetzt im nachhinein sagen, daß es die schlimmste Zeit meines Lebens war. Es war ein Alptraum. Meine Eltern haben gar nicht kapiert, was mit mir los ist, mein Vater behandelte mich wie einen Aussätzigen. Ich wurde oft angeschrien: ›Du durftest schließlich zum Gymnasium gehen, such dir jetzt einen Job, wie lange soll denn das noch so weitergehen?‹ Dann haben sie mich zu Scharlatanen geschleift, die von sich behaupteten, sie wären in der Lage, die Krankheit zu heilen«, erinnert er sich noch sehr genau an diese Demütigungen. »Ich wollte nicht, die hatten gar keine Ahnung. Es ist alles Quatsch, es ist nicht heilbar. Dann haben meine Eltern gesagt: ›Wenn du da nicht hingehst, bist du selber schuld‹. Es war furchtbar, sie ließen sich einfach nicht davon überzeugen, daß ich zu diesen Idioten nicht wollte. Die haben mich mit Medikamenten vollgepumpt. Es war nicht zu ertragen, auch körperlich nicht, soviel von diesen Mitteln zu nehmen. Und dann haben meine Eltern wieder gesagt: ›Wenn du das nicht nimmst, dann bist du selber schuld, dann bist du bald weg.‹ Es war eine furchtbare Zeit«, immer noch schwingen bei diesen Worten Wut und Enttäuschung über das Unverständnis der Eltern mit. »Es war dann so, daß ich praktisch den ganzen Tag nicht mehr aus meinem Zimmer herausgekommen bin. Auch zum Essen nicht. Ich kam immer erst runter, wenn ich wußte, daß meine Eltern vorm Fernseher hängen. Dann bin ich in die Küche gegangen, um mal aus meinem Zimmer rauszukommen. Ich habe dann ein bißchen in der Zeitung gelesen, bis mein Vater mich angeschrien hat, es würde zuviel Strom kosten, nachts das Licht in der Küche anzulassen, und so kam ich aus dem Zimmer gar nicht mehr raus. Es war ein Alptraum. Ich dachte, ich könnte mich überhaupt nicht mehr mit Leuten unterhalten. Ich habe dann erst in der Nervenklinik gemerkt, daß ich überhaupt noch in der Lage war, mit anderen Menschen zu sprechen.«

In der psychiatrischen Abteilung der Frankfurter Uniklinik findet Stefan Wilkens die menschliche Wärme, die er bei seinen Eltern Zeit seines Lebens gesucht hat. Schlüsselfigur ist eine junge Assistenzärztin. Instinktiv erkennt sie, daß der Student nicht nur am Tourette-Syndrom leidet, sondern auch mißtrauisch ist gegenüber medikamentösen Versuchen. Haldol, Orap: die Liste der Medikamente, die man im Lauf der Zeit an Stefan Wilkens ausprobiert hat, ist lang. Geholfen haben sie alle nicht. Im Gegenteil, die zahlreichen Nebenwirkungen verschlimmerten seinen Gesundheitszustand zunehmend. Seine Tics wurden stärker, er war kaum noch in der Lage, sich normal zu bewegen, und seine Muskeln konnte er fast nicht mehr kontrollieren. Ein Medikament lähmte sogar seinen Kiefer, so daß er den Mund nicht mehr schließen konnte. Andere Medikamente verursachten einen sehr starken Speichelfluß, vor allem nachts. Außerdem fing er dann an zu zittern und zu schwitzen.

Durch lange und intensive Gespräche baut die junge Ärztin Stefans angeknackte Psyche wieder auf. Zum erstenmal in seinem Leben fühlt er sich von Medizinern, Therapeuten oder Psychologen nicht mißbraucht. Doch auch von dieser menschlichen Zuneigung zeigt sich sein Tourette-Syndrom unbeeindruckt. Schlafen kann Stefan nur mit Schlafmitteln, sie sind so stark, daß er schon nach einem Tag Entzugserscheinungen bekommt. Daß fremde Menschen ihn auf der Straße oder in der U-Bahn nachäffen oder wegen seiner vielen Tics und Zuckungen ständig angaffen, nimmt er schon fast gar nicht mehr wahr.

»Die meisten Menschen denken, das Problem sei, daß man blöd angeguckt wird auf der Straße und daß einem das peinlich sein müßte«, erklärt er mir. »So ist das aber nicht. Mein Hauptproblem ist, daß es eine irrsinnige körperliche Anstrengung ist, weil man sich ja ständig bewegen muß, und das hört eigentlich nur auf, wenn man schläft. Es ist die einzige Zeit, wo man sich nicht bewegen muß. Das Schlafen geht bei den meisten ›Tourettis‹, wie wir uns selbst nennen, nur mit knallharten Schlaftabletten, und bei mir nur in Kombination mit einem anderen Medikament.

Man denkt ständig, ›du kannst nicht mehr, du kannst nicht mehr. Du setzt dich jetzt einfach mal fünf Minuten hin oder legst dich aufs Bett und entspannst dich mal, weil es so anstrengend ist, daß du es nicht mehr aushältst.‹ Aber es geht nicht. Man legt sich aufs Bett, und es klappt nicht. Man fängt trotzdem an rumzuzappeln. Es ist dermaßen anstrengend, das kann ein Nicht-Betroffener gar nicht nachvollziehen. Versuchen Sie doch mal, sich vorzustellen, Sie wären Marathonläufer – das geht ja sicher leichter als die Vorstellung, Tourette-krank zu sein – und müßten im Stadion immer im Kreis laufen und kämen niemals ans Ziel. Irgendwann brechen Sie ohnmächtig zusammen. So geht es mir jeden Tag.«

Nach diesem langen und eindrucksvollen Gespräch im »Nachtleben« habe ich mich am nächsten Tag mit Stefan Wilkens für Fernsehaufnahmen verabredet. In einem längeren Interview möchte ich mit dem Tourette-Kranken über seine Krankheit sprechen. Als das rote Licht der Kamera aufleuchtet, beginne ich mit meinen Fragen. Doch bevor er antworten kann, tippt mir Kameramann André auf die Schulter. Stefan schaut an der Kamera vorbei zu einem Küchenregal und zeigt rein äußerlich keinerlei Interesse an unserem Interview. Diesmal entschließe ich mich, diesem abwesenden Blicken genauer auf den Grund zu gehen, und frage den Tourette-Kranken, warum er gerade in diesem Moment das gegenüberliegende Küchenregal betrachtet.

»Das fragen sich andere Leute auch immer, wenn ich mich umdrehe«, antwortet er mir. »Sie gucken sich dann auch um und denken, da wäre was Interessantes, aber es ist nicht so.« Auch während dieser Worte starrt Stefan immer noch an uns vorbei. »Ich guck jetzt da auf dieses Teil vom Küchenregal, vollkommen uninteressant, ich meine, ich bin kein Schreiner, es interessiert mich überhaupt nicht, aber ich muß da jetzt auf diese Ecke gucken, und ich habe jetzt das Bedürfnis, da drum rum zu gucken und die andere Seite auch noch zu sehen, auch, wenn ich ganz genau weiß, daß da nichts Interessantes ist. Ich würde mir das Ding jetzt gern ansehen, dann geht's mir wieder besser.«

Er steht kurz auf, blickt hinter das Regal, fixiert die Ecke für einige Sekunden und setzt sich wieder auf seinen Küchenstuhl, danach entladen sich einige Bewegungstics.

Dann blickt Stefan wieder in unsere Kamera, als wäre nichts geschehen. Wir können das Interview fortsetzen.

Die Dreharbeiten finden in Stefans kleiner Studentenbude statt. Seit er aus der Nervenklinik gekommen ist, wohnt er hier, weil er nie wieder zu Hause bei seinen Eltern leben will. Während einer Drehpause zeigt mir

Stefan seine Wohnung. Im Schlafzimmer wandern meine Blicke zunächst zu einem Bücherregal neben dem Bett. Juristische Fachliteratur steht neben wissenschaftlichen Abhandlungen über das Tourette-Syndrom. Die meisten Bücher sind noch ungelesen, denn seit Stefan aus Amerika zurückkam, ist es ihm kaum noch möglich, mehr als eine Seite am Tag zu lesen. Auf der weißen Wand entdecke ich dann mehrere rote Flecken, einige von ihnen sind mit weißer Farbe überstrichen, doch die rötliche Farbe schimmert immer noch durch. Sie sind stumme, blutige Zeugen für die Selbstverletzungen des Tourette-Kranken. Als Folge dieses autoaggressiven Tic-Befehls des Syndroms schlägt Stefan nachts immer wieder mit seinem Kopf gegen die Wand. Diese blutigen Selbstverletzungen sind damit jedoch noch nicht beendet. Wie die Zuckungen können sie sich auch ständig auf andere Körperpartien übertragen. Für Stefan Wilkens ist das wie ein Alptraum, aus dem er nicht mehr erwacht:

»Die ganze Krankheit ist für mich mit wahnsinnigen Angstzuständen verbunden, was man so vielleicht nicht vermutet, wenn man mit mir redet. Ich habe die Tendenz, mich selbst zu verletzen, und zwar komischerweise da, wo es am schlimmsten ist: an den Augen – das ist bei vielen Tourette-Kranken so«, erzählt er uns. »Wenn ich zum Beispiel ein Messer in der Hand halte, habe ich den Wahn, mir das Ding ins Auge zu stechen. Das ruft irrsinnige Panikattacken bei mir hervor. Ich habe das auch mit anderen Gegenständen wie Nadeln oder Scheren.«

Bisher hat Stefan sein Augenlicht vor dem Syndrom retten können. »Im Endeffekt habe ich noch ein bißchen von dem Instinkt, den ein gesunder Mensch auch hat, eben sich zu schützen und nicht zu schädigen«, erklärt er den

täglichen Kampf mit dem Tourette-Syndrom. Dazu gehört auch die ständige Auseinandersetzung mit den Zwangshandlungen, die immer abstruser und erniedrigender für Stefan werden. Sein Zwang, fremde Menschen zu berühren, ist seit seinem Studium in Kalifornien noch ausgeprägter und auffälliger geworden. Jede Fahrt mit Bus oder U-Bahn wird für ihn zum Spießrutenlauf:
»Es ist mir fast zu peinlich, es auszusprechen«, kurz stockt sein Redefluß, »und es ist mir Gott sei Dank auch noch nie passiert, aber wenn ich im Bus neben jemandem sitze, verspüre ich den Drang, anderen Fahrgästen zwischen die Beine zu fassen oder an die Genitalien. Ich habe es noch nie getan, war aber schon nah dran. Ich tu dann mit der Hand schnell so, als ob sie mir eingeschlafen wäre. Das mache ich mit vielen Tics so. Ich kann sie so kaschieren, daß niemand merkt, daß es im Grunde ohne Willen geschieht. Aber es wäre furchtbar, wenn es wirklich mal passiert. Deswegen sehe ich zu, daß ich, wenn ich Bus oder U-Bahn fahre, entweder alleine sitze oder denjenigen, neben dem ich sitze, in ein Gespräch verwickele. Wenn wir reden, lachen oder scherzen – und ich kann die Leute ganz gut unterhalten –, dann ist der Zwang irgendwie weg. Dann ist es besser.«
Auf dem Bücherregal in Stefans Studentenbude entdecke ich auch noch einige alte Fotos von seiner Zeit in Kalifornien. Der gutaussehende selbstbewußte Mann auf den Bildern hat nur noch wenig Ähnlichkeit mit dem Stefan Wilkens, der jetzt verzweifelt vor uns sitzt. Die andauernde innere Auseinandersetzung, die ständige Angst vor unkontrollierten Bewegungen, Selbstverletzungen und ungewollten Obszönitäten haben ihre Spuren hinterlassen. Ausgemergelt wirkt er auf uns, erste graue Haare lassen den Schrecken einsamer, schlafloser Nächte erahnen.

Noch schlimmer als diese äußerlichen Anzeichen der Krankheit ist für Stefan das unbarmherzige Wechselspiel des Tourette-Syndroms.

Ständig verändern sich seine über hundert Tics, jeden Tag hat er an anderen Stellen seines Körpers Muskelkater, weil sich die Zuckungen verlagern. Da er nachts nicht weiß, was ihn am nächsten Morgen erwartet, empfindet Stefan sein Syndrom immer mehr wie eine Zeitbombe, die ständig in ihm »tict«. »Es kann sein«, sagt er uns, »daß ich in einem halben Jahr durch die Straße renne und alle zwei Minuten ›Scheiße‹ brülle. Vor den Vokaltics habe ich große Angst. Einen hatte ich schon mal in Amerika, aber das war kein obszönes Wort, das waren einfach nur so Schreie, ich habe es meistens geschafft, es nur zu machen, wenn ich alleine war. Ich habe wahnsinnige Angst, weil ich eben nicht weiß, wie sich die Tics weiterentwickeln. Sie verändern sich ständig, es kann besser werden, es kann aber auch wesentlich schlimmer werden. Ich weiß zum Beispiel von dem Vater eines anderen Tourette-Kranken, daß sich sein Sohn auf eigenen Wunsch die Arme auf dem Rücken festbinden ließ, damit er sich nicht die Augen kaputtmachte. Er ist, wie ich gehört habe, auch schon mal mit dem Kopf durch die Scheibe gegangen und würde auch seine Eltern tätlich angreifen, obwohl er es nicht will. Er ist jetzt in der Klinik und kann und will auch gar nicht raus. Es war auch nicht möglich, ihn auf das Tourette-Treffen, wo ich seinen Vater traf, mitzunehmen. Ich habe wahnsinnige Angst davor, daß ich mich blind mache oder mich blamiere.«

Trotz der Schwere und Tragik seiner Krankheit hat Stefan Wilkens jedoch nie seine sympathische Ausstrahlung und seinen Humor verloren. Immer wieder sagt er Freunden oder neuen Bekannten, daß er nicht bedauert oder bemuttert werden will. Statt dessen meistert er seine Krankheit mit einem gehörigen Schluß Selbstironie und Sarkasmus. »Das ist meine einzige Chance«, meint er nüchtern, »nicht noch mehr abzurutschen und die Krankheit dann gar nicht mehr unter Kontrolle zu halten.«

Seine Lieblingsgeschichte ist daher auch die von dem Besuch eines Freundes, der ebenfalls am Tourette-Syndrom leidet, allerdings an einer anderen Symptomatik, der »Koprolalie«. Betroffene müssen gegen ihren Willen obszöne Wörter oder Beschimpfungen aussprechen. »Mein Freund«, erzählt uns Stefan mit einem Grinsen, »hat zum Beispiel den Tic, ›du Sau‹ zu schreien, meistens leise. Aber wenn er sehr angespannt ist, und das war er zu dem Zeitpunkt, dann schreit er es laut. Ich hatte ihm eine Kirche gezeigt, und wir standen da vor einer Jesusstatue, wo er plötzlich ganz laut ›du Sau‹ schrie. Die Japaner mit ihren Kameras und alle Touristen guckten natürlich und dachten, er meint die Jesusstatue. Doch er konnte ja nicht anders, der Tic ließ sich nicht unterdrücken. Trotzdem war ihm das alles unheimlich peinlich. Ich war wohl etwas taktlos, ich mußte furchtbar lachen und hab' ihn dann an der Seitentür rauslanciert. Das ist schon wieder so grotesk, daß es lustig ist.«

Ablenkung und Zerstreuung von seiner schweren Krankheit sucht Stefan auch im Frankfurter Nachtleben, »macht auf flippig«, um wenigstens für einige kurze Momente das Tourette-Syndrom zu vergessen. Im bunten Flackerlicht der Szenebars und -diskotheken gelingt es Stefan auch ab und zu, seinen »Tourette-Strom« zu finden. Geschickt baut er die sonst lästigen Tics in seine Tanzbewegungen ein und unterscheidet sich dann kaum noch von den übrigen Menschen auf der Tanzfläche.

»Das ist für mich wie eine große Zauberwelt«, überschreit
er das laute Dröhnen der Bässe in seiner Lieblingsdisko,
dem »Nachtleben«. »Ich komme da rein, es glittert und
glimmert, und es sind viele Bekannte da. Es ist die Musik,
die mir gefällt. Ich kann da tanzen, ein bißchen was trinken und bin mit anderen Menschen zusammen. Ich fühle
mich dann fast so ein bißchen gesund. Es ist wie eine
andere Welt, wie eine Märchenwelt. Es hört erst morgens
auf. Es wird wieder Tag, es wird wieder hell, und ich
denke, okay, jetzt ist die Märchenwelt zu Ende. Jetzt bist
du wieder in der Realität. Und dann warte ich wieder aufs
nächste Wochenende.«
Auch für die übrigen Stunden mit dem Syndrom hat
Stefan Wilkens ein wirksames Medikament gefunden, das
es in keiner Apotheke zu kaufen gibt. Immer wenn er unter
starken Ängsten oder Zwangsvorstellungen leidet, hört er
Kassetten von Loriot. In solchen Momenten sind diese
Kassetten das einzige, was Stefan helfen kann. Fast alle
kennt er auswendig, und wenn er sie hört, blockiert er
damit sein Gehirn, um es von den Tics abzulenken. Doch
auch Herr Müller-Lüdenscheid, Erwin Lindemann oder
der Husarenzipfel können es nicht verhindern, daß den
jungen Mann schwere Depressionen befallen, wenn er sich
Gedanken über seine Zukunft macht. Am schlimmsten ist
dabei für ihn der Verzicht auf eigene Kinder.
»Ich hätte furchtbar gern Kinder gehabt«, vertraut er mir
an. »Gestern durchfuhr es mich wieder, als ich mit dem
Bus zu mir nach Hause fuhr. Da saß ein Kind neben mir,
das sah genauso aus, wie ich mir mein Kind immer vorge-
stellt habe. Im Gang stand eine alte Frau, der Bus war
sehr voll, und ich hab' sie gefragt, ob sie sich setzen
möchte. Sie sagte: ›Ja, danke, sehr gerne.‹ Ich bin dann

aufgestanden, sie hat sich neben das Kind gesetzt und gesagt: ›Na Schätzchen.‹ Und dann hat sie mich angeguckt und zu allem Überfluß gesagt: ›Wird der Papa jetzt böse, wenn ich das sage?‹ Ich erwiderte: ›Wenn Sie mich meinen, ich bin nicht der Vater. Ich wünschte, ich wäre es.‹ Da kam es noch mal durch. Ansonsten habe ich es mir abgeschminkt. Weil ich mich einem Kind nicht als Vater zumuten möchte, außerdem hätte ich Angst, dem Kind die Krankheit weiterzuvererben.«

Das sonst so lebenslustige, lebendige Flackern in Stefans Augen ist in diesem Moment fast völlig verschwunden. Alle selbstgesetzten Ziele und Träume haben sich in nichts aufgelöst. Sarkastisch und nüchtern wie die eigene Krankheit beurteilt er auch seine Zukunft, die für ihn selbst nicht mehr zu existieren scheint. »Seit ich aus Amerika weggegangen bin, hab' ich von Selbstmord geträumt. Bloß wußte ich nie so richtig, wie, und ich hab' immer gedacht, hätte ich mir doch in Amerika einen Revolver gekauft, dann hätte ich mich erschießen können. Aber in Deutschland wußte ich nicht«, fährt er mit brüchiger Stimme fort, »wie ich es machen sollte. Als ich bei meinen Eltern wohnte, da war ich so am Ende, daß ich mich vor den Zug werfen wollte. Aber es kam keiner. Ich habe dann noch zwei andere Selbstmordversuche unternommen. Ich war so geil darauf, mich umzubringen, in dem Moment. Ich dachte, jetzt hast du es endlich hinter dir, in drei Sekunden hast du es geschafft. Dann hab' ich einen Fehler gemacht, und es hat nicht geklappt.« Ruhig und abgeklärt erzählt uns Stefan weiter, daß er auch im Moment dabei ist, einen Selbstmordversuch vorzubereiten, »aber ich habe vorerst nicht die Absicht, ihn durchzuführen, weil ich denke, es gibt jetzt auch hier auf der Erde etwas zu tun. Ich möchte so gerne mit Behinderten arbeiten, bis jetzt hat es noch nicht geklappt, aber ich versuche es jedenfalls noch mal. Ich möchte auch gerne noch den nächsten Sommer erleben, ich möchte schwimmen gehen. Aber ich denke nicht, daß ich bis ins Rentenalter kommen werde. Insofern brauche ich mir zumindest über meine Rentenversicherung keine Sorgen zu machen.«

Auf der Rückfahrt gehen mir immer wieder diese Worte von Stefan durch den Kopf. Stumm nickend habe ich sie während des Interviews zur Kenntnis genommen. Unfähig, ihm in diesem Moment etwas zu sagen, was ihm helfen könnte. Zu aussichtslos scheint seine Situation, etwas anderes als ein fremdbestimmtes Leben zu führen. Ein Leben, das ihm das Tourette-Syndrom diktiert, ohne Rücksicht auf seine Wünsche, Hoffnungen und Träume.

Um so überraschter bin ich, als ich Stefan fast ein Jahr nach den Dreharbeiten wiedertreffe. Fast hätte ich ihn nicht erkannt, so sehr hat er sich verändert. Die grauen Strähnen sind verschwunden, das sympathische Lächeln ist zurückgekehrt. Vor mir steht ein selbstbewußter junger Mann. Doch nicht nur äußerlich hat er sich verändert, von Stefan geht in diesem Moment eine neue, ungewohnte Ruhe aus. Keine ruckartigen Bewegungen, kein plötzliches Umdrehen, kein Zucken des Körpers. Nur ein gelegentliches Blinzeln erinnert mich an den Mann, der sich noch vor einem Jahr aus Verzweiflung vor einen Zug werfen wollte. Freudestrahlend erzählt er mir: »Ich kann es selbst noch nicht glauben, aber ich bin jetzt schon seit einigen Monaten fast Tic-frei.« Später erfahre ich, daß er kurz nach unserem ersten Treffen seine starken Schlafmittel und Medikamente abgesetzt hat. Darauf durchlebte er einen »seelischen Ausnahmezustand«, in dem sich noch mal sein gesamtes Leben von der Kindheit bis heute abspielte. Nach einer Woche kam er wieder zu sich und hat seitdem zur Überraschung aller kaum noch Tics.

»Ich bin erst mal ganz ruhig durch die Straßen gelaufen«, erzählt er über seine ersten Schritte ohne das Syndrom, »und habe mir in Ruhe die Leute angeguckt. Niemand blickte sich nach mir um, niemand schüttelte mit dem Kopf, ich fühle mich wie neugeboren.«

Am meisten freut sich Stefan darüber, »daß ich mein Gehirn wieder füttern kann. Am nächsten Tag bin ich erst mal zu einem See gefahren und habe dort Nietzsche gelesen, ohne ständig abgelenkt zu sein oder an andere Dinge zu denken.« Ganz sind Stefans Tics noch nicht verschwunden, »ich spüre, daß das Syndrom noch irgendwo tief in mir ist, aber ich weiß, ich kann es jetzt kontrollieren«, macht er sich selbst Mut. Seitdem hat er auch wieder angefangen zu arbeiten. Jeden Tag sitzt er in einer Bücherhalle und »paßt auf«, wie er augenzwinkernd sagt, »daß keiner Bücher klaut«. Der Jura-student überlegt sogar im Moment, seine wissenschaftliche Karriere weiter fortzusetzen, doch erst möchte er das Leben ohne Tics noch ein bißchen genießen und abwarten, ob das Tourette-Syndrom sich nur kurzfristig verabschiedet hat oder für immer zur Ruhe gekommen ist. Daß er immer noch mit einer Rückkehr der Tics rechnet, merke ich, als er mir erzählt, daß er sich von seinem ersten Gehalt gleich einen Videorecorder gekauft hat und sich jetzt alle Loriot-Filme auf Videokassette besorgen will. Denn trotz aller Euphorie hat Stefan nie die Tücke seiner Krankheit vergessen. Jeden Tag können sich die Tics wieder einstellen und alles zerstö-ren, was er sich bis dahin wieder aufgebaut hat. »Doch selbst wenn die Tics wiederkommen«, sagt er trotzig, »dieses halbe Jahr war es schon wert.«

» …sonst bin ich ganz normal«

Christian Hempel

»Einfach durch das große Tor und dann rechts in den Speiseraum, Sie werden mich dann gleich finden, ich bin nicht zu überhören.« Auf diese knappe, ungewöhnliche Ortsbeschreibung folgt ein langer markerschütternder Schrei. Er ist kaum beschreibbar, eine Mischung aus einem Urschrei und Hundegebell. Zuerst erschrecke ich mich und halte beim nächsten Schrei den Hörer etwas von meinem Ohr weg, verabschiede mich und bin gespannt auf das am nächsten Tag stattfindende Treffen mit dem 21jährigen Tourette-kranken Schüler Christian Hempel.

Verabredet sind wir in der Jugenddorf-Christophorus-Schule in Braunschweig. Seit seinem vierzehnten Lebensjahr besucht Christian diese Schule im Anschluß an einen monatelangen Klinikaufenthalt. Alle anderen Schulen hatten den Jugendlichen damals mit der Begründung abgelehnt, er sei nicht beschulbar. Seine Tourette-Erkrankung galt als unterrichtzerstörend. Seine lauten Schreie wollte man niemandem zumuten. Beschwerden von besorgten Eltern, die einen Leistungsabfall ihrer Kinder durch Christians Störungen befürchteten, taten ein übriges.

Als ich am nächsten Tag das Schulgelände betrete, dröhnen Christians ohrenbetäubende Schreie schon durch die leicht geöffneten Türen des Speiseraums. Ihn zu finden, ist wirklich so leicht, wie er es am Telefon beschrieben hat. Als ich ihm dann beim Essen gegenübersitze, bin ich verblüfft. Vor mir sitzt ein gutaussehender, junger Mann mit blonden Haaren und einem akkurat gezogenen Seitenscheitel. Irgendwie paßt dieses Erscheinungsbild nicht zu seinen archaisch anmutenden Schreien, die mich immer wieder vom Nachtisch aufschrecken lassen. Er zuckt außerdem mit den Beinen und stampft mit den Füßen ohne ersichtlichen Grund laut auf. Sein Gesicht verzerrt sich immer wieder zu plötzlichen Grimassen, die das Antlitz des Abiturienten für den Bruchteil von Sekunden entstellen. Mir fällt es schwer, mich richtig auf unser Gespräch zu konzentrieren, und selbst Christian hat bis heute Schwierigkeiten, sich mit »seinem« Tourette-Syndrom zu arrangieren.

»Ich erachte es eigentlich immer noch als etwas, was mir fremd ist«, versucht er die Distanz zur eigenen Erkrankung in Worte zu fassen. »Ich habe das Gefühl, daß diese Krankheit so eine zusätzliche, lästige Sache in mir darstellt, das läßt sich ganz gut mit dem ›Es‹ in dem Ich beschreiben. Es paßt nicht zu mir. Es zeigt immer wieder diese Abnormitäten – Grimassen, Zuckungen und ähnliches. Eigentlich möchte ich so nicht sein. Wenn ich jetzt so rede, herrscht gerade das Ich vor, aber oft ist es mehr das ›Es‹.«

Kurz darauf entfährt Christian erneut einer seiner Urschreie, als ob das Tourette-Syndrom Christians letzte Aussage unterstreichen möchte. Im Speisesaal scheint trotz der gewaltigen Phonzahl dieser Vokaltics niemand die Schreie zu registrieren. Keine Gespräche ebben ab, keine verblüfften oder verärgerten Blicke. Christians Tics scheinen an der Jugenddorf-Christophorus-Schule dazu- zugehören wie der Pausengong. »Seit ich in diese Schule gehe«, Christian sind meine abschweifenden Blicke nicht entgangen, »fühle ich mich ziemlich gut. Hier bin ich zuerst der Mensch Christian Hempel und erst danach Tourette-krank.«

Bevor ich ihm weitere Fragen stellen kann, vertauscht Christian die Rollen. Warum ich mich für das Tourette- Syndrom interessiere, fragt er mich, oder mit welchen Themen ich mich vorher beschäftigt habe. Als wir den Speisesaal verlassen, weiß Christian mehr über mich als ich über ihn, unbewußt bin ich zum erstenmal Christians Perfektions- und Kontrollzwang begegnet, noch öfter werde ich mit ihm Bekanntschaft machen.

Danach besuche ich mit Christian den Biologieunterricht. Auf dem Weg dorthin erzählt mir der 21jährige, daß er, obwohl er kurz vor der Abiturprüfung steht, keine Angst davor hat wie viele andere seiner Mitschüler: »Ich bin schon etwas aufgeregt«, meint er gelassen, »aber etwas positiver Streß gehört dazu.« Diese Einstellung wirkt sich auch auf seine Noten aus. Christian gehört zu den besten Schülern seines Jahrgangs, gute Zensuren sind ihm wich- tig, er ist ehrgeizig und will seiner Umwelt beweisen, daß er trotz seines Tourette-Syndroms zu überdurchschnittli- chen schulischen Leistungen in der Lage ist. »Ich möchte nicht als Summe meiner Tics dargestellt werden«, mir ist in diesem Moment klar, daß er auch mich damit meint, »sondern als Mensch Christian, der Leistung bringen kann und eigentlich ganz normal ist.«

Daß seine Mitschüler Christians Wunsch respektieren,

zeigt sich deutlich im Biologieunterricht. Wie schon im Speisesaal nimmt niemand Notiz von seinen lautstarken Tics, Schüler und Lehrerin halten einfach einen Moment inne und fahren dann fort. Auch daß Christian, wenn er sich meldet und die Lehrerin andere Schüler vor ihm befragt, laut ›doch, doch‹ oder ›genauso‹ schreit und dabei ausspuckt, scheint niemanden zu stören.

»Hier mit den Mitschülern gibt es eigentlich nur gute Erfahrungen«, freut sich Christian über meine Beobachtung, »auch wenn es manchmal extrem laut ist. Ich merke es ja auch. Ich merke ja die Tics, ich bekomme mit, was ich tue. Das ist dann vielleicht noch unangenehmer. Ich sehe, was ich für abnorme Grimassen mache, was ich für motorische Bewegungen drauf habe. Ich höre mein lautes Brüllen, und es klingt entsetzlich. Das ist ätzend, das selber so festzustellen. Aber ich habe deswegen keine Probleme mit Mitschülern, zum Beispiel Hänseleien oder so.«

Daß die sprichwörtliche kindliche Grausamkeit vor Christian haltmachte, liegt vor allem auch an seinem eigenen Engagement. Vor zwei Jahren veröffentlichte er in der Schülerzeitung »Der Mond« den Artikel »Sonst bin ich ganz normal«.

»Manche kennen mich vielleicht nicht«, wandte er sich in dem Artikel an seine Mitschüler, »können dieses ›abnorme‹ Verhalten nicht einordnen oder trauen sich nicht, mich darauf anzusprechen. Ich schreibe diesen Artikel für die Leute, die mehr erfahren wollen, und möchte zugleich ein großes Dankeschön an alle richten, die mit mir täglich zu tun haben, mich tolerieren und mich, losgelöst von meinem äußeren Benehmen, als Mensch akzeptieren, mich vor fünf Jahren in ihre Gemeinschaft aufgenommen und so normal wie jeden anderen behandelt haben.«

Neben dem sich eifrig meldenden, grimassenschneiden-
den, schreienden Christian sitzt im Biologieunterricht sein
Namensvetter Christian. Er ist mit dem Tourette-Kranken seit einiger Zeit befreundet, erzählt mit einem ver-
schmitzten Grinsen, wie er Christian kennenlernte:
»Das war in der Pause, Christian ist in die Parallelklasse
von mir gekommen. Ein Schüler aus seiner Klasse, der ihn
wohl noch nicht gut kannte, kam zu mir und meinte:
›Sprich ihn nicht an, paß ein bißchen auf, sonst fängt er an
zu schreien.‹ Ich war verwirrt und hab mich erst mal
zurückgehalten. Als ich aber das erstemal gehört habe,
wir er geschrien hat«, erinnert er sich noch genau an dieses erste Zusammentreffen, »mußte ich erst mal lachen.
Es ist so, wie man sich einen Urschrei vorstellt. Das fand
ich im ersten Moment unheimlich witzig, war es aber
natürlich nicht. Dann kam auch schon in der nächsten
Bio-Stunde eine Aufklärungsstunde, wo wir nur über
seine Krankheit gesprochen haben. Seitdem war eigentlich alles klar. Man wußte, was los war und wie man mit
ihm umgehen konnte. Heute höre ich seine Schreie nicht
mehr, es ist so, als ob sich ein anderer Mitschüler räuspert
oder hustet.«
Einen großen Teil zur Akzeptanz Christians bei seinen
Mitschülern trug auch die Jugenddorf-Christophorus-
Schule bei. An dieser Schule existiert noch zusätzlich ein
Begabtenzweig, der Umgang mit außergewöhnlichen
Menschen ist den Lehrern somit nicht fremd gewesen.
Ein weiterer Vorteil ist, daß diese besondere Schulform
eine Psychologin vorsieht. Christa Hartmann hat von Anfang an Christians Entwicklung durch zahlreiche Gesprä-
che und aufbauende Worte begleitet und ist heute über-
zeugt, daß nicht nur Christian davon profitiert hat.

»Ich glaube«, meint die Schulpsychologin rückblickend, »daß wir alle gelernt haben, gelegentlich zurückzustecken und Rücksicht auf Christian zu nehmen. Das hat natürlich auch unsere soziale Verhaltensweise beeinflußt. Zum Beispiel die Situation, wo Klassenarbeiten geschrieben werden und er seine Mitschüler stört, oder Situationen, wo man unsicher ist. Da hilft man Christian weiter, indem man seine Krankheit übersieht, oder man muß lernen, sich zurückzunehmen und zu ertragen, daß man tatsächlich gestört wird durch Christians Krankheit.«

Erstaunlich, seitdem Christian diese Schule besucht, gab es außer einem Lehrer, der sich nach dem Unterricht mit Christian über starke Kopfschmerzen beklagte, keine einzige Beschwerde von Schülern oder deren Eltern. Die Jugenddorf-Christophorus-Schule wurde für Christian so im Lauf der Zeit immer mehr zum Schonraum, in dem er sich wohl fühlt und mit seinen Tics, mit seiner Krankheit leben kann und akzeptiert wird. Hier hat er Freunde wie Christian gefunden, tolerante Mitschüler und Pädagogen, einen Familienersatz. Zu seinen Eltern, die in Berlin leben, hat er bis heute ein gespanntes Verhältnis. Als seine Tics immer stärker wurden, gaben sie sich die Schuld dafür, »fühlten sich«, wie Christian es ausdrückt, »verantwortlich«. Mehr möchte der Abiturient darüber nicht erzählen, ebensowenig über seine Grundschulzeit in Berlin, wo seine Tics zum erstenmal auftauchten. Ständiges Augenzwinkern, Nasehochziehen, Zuckungen am ganzen Körper – die Ärzte waren ratlos, die Lehrer hatten Schwierigkeiten, ihn zu unterrichten. Heute beginnen für Christian die Probleme, wenn er den gewohnten Schutzraum, die Jugenddorf-Christophorus-Schule, hier bewohnt er auch ein eigenes Zimmer, verläßt. Mitschüler

Christian wird nie vergessen, was sein Tourette-kranker Freund während einer gemeinsamen Klassenreise erleben mußte.

»Was mich sehr erschüttert hat«, erzählt er, »war, als wir eine Autobahnraststätte anfuhren, wo die Leute ihn halt nicht kannten und nicht wußten, was auf sie zukommt, und unheimlich verbittert auf ihn reagiert haben. Wenn er dann erkärt hat, was los ist, das kann man oberflächlich in dem Moment ja ziemlich schnell, sind die Leute trotzdem immer noch aggressiv geworden und wollten ihn sogar rausschmeißen. Das sind so Sachen, die ich irgendwie nicht verstehen kann, daß man bei Menschen wie Christian so extrem reagiert.«

Solche unangenehmen Erfahrungen gehören für Christian mittlerweile zum Alltag. Zum Beispiel begegnete ihm in Berlin eine junge Frau mit den Worten: »Ins Gefängnis müßte man die stecken – ins Gefängnis«. Andere wiederum zeigen durchaus Verständnis für seine Krankheit und erkennen rasch, daß seine Schreie und Zuckungen unbeabsichtigt sind. Gern erinnert sich Christian an einen Kaufhausbesuch: »Nach einer Zeit spricht mich ein älterer Kassierer an, ich solle bitte das Haus verlassen. Gerade will ich kontern, da verteidigt mich eine Frau mit Kind: ›Das ist ja wohl unmöglich, das ist ja wie in alten Zeiten – Sie würden wohl auch einen Schwarzen aus dem Haus schmeißen.‹«

Weil Christian weiß, wie seine Krankheit auf viele Menschen wirkt, macht er nur selten Ausflüge mit der Bahn, geht nur ganz gezielt zum Einkaufen in die Stadt. »Manchmal schaffe ich es einfach nicht«, erklärt er, »mir fehlt dann die Kraft und der Mut dazu.« Aus überfüllten Geschäften und Einkaufszentren flüchtet Christian so

schnell wie möglich. »Das ist ein sehr unangenehmes Gefühl«, beschreibt er diese schlimmen Momente, »verbunden mit Hitzewellen, Schweiß und Unwohlsein. Es ist ein
Druck, der auf einem lastet. Es ist nicht mit Platzangst zu
vergleichen, wo ja gar nichts mehr geht, aber in die Richtung geht es.«

Anders als Rollstuhlfahrer oder Blinde, deren Behinde-
rung offensichtlich ist, steht Christian auch unter einem
ständigen Erklärungszwang, andauernd muß er sich und
seine Krankheit anderen Menschen versuchen verständlich zu machen. »Die Leute können ja auch nicht gleich
wissen, was mit mir los ist, das muß ich auch verstehen,
und dann muß ich es auch erklären«, beschreibt er diesen
äußeren Druck. »Andererseits, warum muß ich jedem auf
der Straße, der mich anmacht, unbedingt erklären, was es
ist? Das ist auch nicht unbedingt nötig. Außerdem gibt es
dann noch oft die Leute, die es nach dem zweiten Mal
nicht verstehen und nach dem dritten Mal auch nicht, und
das ist dann das Enttäuschende, Ärgerliche und Unangenehme.«

Genauso diszipliniert wie seinen Schultag bewältigt Christian sein Privatleben. Dabei ist er streng mit sich, ver-
zichtet freiwillig auf vieles, was für seine Altersgenossen
selbstverständlich ist. »Ich gehe halt nicht ins Kino oder
ins Theater«, zählt er Dinge auf, die für ihn schwierig
sind, »auch in Museen, Bibliotheken würde ich nur stören. Denn dort geht man ja extra hin, weil es ruhig ist.
Oder wie schön wäre es, am Wochenende am überfüllten
Strand spazierenzugehen und sich nichts aus den Massen
machen zu müssen. Das vermisse ich, daß ich nicht einfach losgehen kann«, sagt er enttäuscht. »Es geht gar nicht
so darum, daß die Leute mich tolerieren. Selbst wenn

niemand etwas sagen würde, würde ich mich in der Reihe schlecht fühlen, Blut und Wasser schwitzen, denn mir ist es unangenehm zu wissen, daß es ja doch stört.« Eine Freundin hat Christian bisher nicht gefunden, Nähe und Zärtlichkeit sind Erfahrungen, auf die der 21jährige bisher wegen seiner Krankheit verzichten mußte.

»Äußerlich sind die Tics halt 'ne blöde Sache, das ist klar«, versucht er selbst Gründe dafür zu finden. »Ich kann es ja verstehen, daß auch viele Mädchen das abstoßend finden, vielleicht nicht die Person dahinter sehen. Es stimmt dann eben optisch nicht, dafür stimmt's vielleicht mit der Sprache, aber optisch stimmt's immer noch nicht. Ich glaube aber auch«, formuliert er seine Zukunftshoffnungen, »daß es Menschen gibt, die das Optische nicht so stark bewerten, sondern die Person und den Charakter dahinter sehen. Vielleicht ist es ja sogar ein unheimlicher Vorteil, diese Tics zu haben, denn dadurch gibt es die Möglichkeit von wahrer, toller Freundschaft. Die Freundschaften, die man hat, sind dann auch echte Freundschaften, auf alles andere kann ich verzichten.«

Nach dem Unterricht zeigt Christian mir sein Zimmer, das sich gleich gegenüber, im Dachgeschoß des Internats befindet. Der Schüler lebt allein in dem großen, hellen Raum. Ein Stück Freiheit und Unabhängigkeit, das er, wie er selbst sagt, sehr schätzt und braucht. Er hat sich gleich an seinen Computer gesetzt, um seine Hausaufgaben zu machen. Seine Finger verkrampfen sich dabei plötzlich, unkontrolliert hämmert er mit der flachen Hand auf die Tischplatte seines Schreibtisches, so daß die Maus im hohen Bogen durch die Luft fliegt. Danach folgen mehrere Schreie, immer länger und lauter. »Das mache ich immer so«, sagt er, als sie wieder langsam abebben,

»während des Unterrichtes konzentriere ich mich schon sehr, damit ich die anderen nicht zu sehr störe. Wenn ich dann allein bin, entlade ich mich erst mal, lasse die aufgestauten Tics raus.« Wieder wundere ich mich über das tolerante Verhalten von Christians Mitschülern. Einige von ihnen leben schon seit Jahren Wand an Wand mit ihm, doch niemand fühlt sich offenbar gestört. Die einzige Reaktion auf die Schreikaskade Christians ist ebenfalls nicht überhörbar. Ein Stock tiefer nimmt es Whitney Houston lautdröhnend aus den Lautsprecherboxen einer Hi-Fi-Anlage mit Christians Vokaltics auf.

Dieser Kampf der Phonstärken ist gleichzeitig ein Spiegelbild für Christians ständige Auseinandersetzung mit seiner Krankheit. So wie sich seine Schreie und die Musik aus den Lautsprechern nicht harmonisch zusammenfügen, sind auch er und seine Tics harmonische Parts, die miteinander konkurrieren.

»Wenn ich das Syndrom annehmen würde«, ist er fest überzeugt, »dann würde ich auch die Hoffnung aufgeben auf die gesamte Heilung, eine richtige Heilung und nicht Linderung durch Psychopharmaka. Ich will meine Krankheit besiegen, das ist mein größter Wunsch.«

Einen Tag später wollen wir versuchen, diesen kräftezehrenden und verzweifelten Wettstreit des Schülers mit der eigenen Krankheit auch filmisch zu dokumentieren. Laut schreiend kommt uns Christian entgegen, und schnell merke ich, daß meine Bitte, sich über mögliche Drehorte und Menschen Gedanken zu machen, die für sein Leben wichtig sind, Früchte getragen hat. Minutiös hat er für mich einen Drehplan ausgearbeitet. Freunde, Lehrer, Mitschüler und die Psychologin sind genauestens von Christian instruiert worden, wann sie zur Verfügung stehen sollen, wo wir sie treffen und, wie ich im Lauf des Tages erfahre, auch was sie nicht erzählen sollen. Sein innerer Kontrollzwang läßt scheinbar nur ein bestimmtes, von ihm gesteuertes Bild seiner Person zu. Ich bin mir unsicher, wie ich darauf reagieren soll. Einerseits kann ich gut verstehen, daß jemand, der kaum Kontrolle über sich und seinen Körper hat, versucht, alles übrige in den Griff zu bekommen und nichts dem Zufall zu überlassen, andererseits möchte ich mir vorbehalten, mir ein eigenes Bild von Christian zu machen. Bevor wir mit den Dreharbeiten beginnen, versuche ich, das dem Schüler verständlich zu machen, ohne ihn dabei zu verärgern oder zu verletzen. Keine leichte Aufgabe, doch schließlich besprechen wir gemeinsam den Ablauf der Dreharbeiten, und zum Schluß haben wir beide das Gefühl, dem anderen damit nähergekommen zu sein.

Deutschkurs in der Jugenddorf-Christophorus-Schule. Direkt neben Christians Schreibpult hat sich Kameramann André postiert, um die ihm mittlerweile schon vertrauten Tics einzufangen. Doch zur Überraschung aller passiert nichts. Kein Schrei, kaum Grimassen, keine Zukkungen. Fast zwei Kassetten laufen durch, ohne daß André auch nur einen Tic im Sucher seiner Kamera beobachten kann, fast wirkt es so, als ob sich das Tourette-Syndrom gegen seine Veröffentlichung wehrt, sich weigert, Einblicke in sein facettenhaftes Dasein zu gewähren. In der Pause kommt die Deutschlehrerin zu uns und bedankt sich: »So ruhig war es noch nie, seitdem ich Christian unterrichte, Sie dürfen gern wiederkommen.«

Im Chemieunterricht dasselbe Bild, dank Christians »Castings« erleben wir zwar durchaus aufwendige und optisch ansprechende Experimente, doch auch hier hat sich das Tourette-Syndrom scheinbar mit den aufsteigenden Dämpfen verflüchtigt. Ziemlich ratlos verlassen wir den Chemieraum, denn wir sind genauso weit wie zu Beginn der Dreharbeiten. In diesem Moment geht mir die Biographie einer taubstummen Lehrerin durch den Kopf, die ich einige Tage zuvor in einem Tourette-Buch gelesen hatte. Sie litt ebenfalls am Tourette-Syndrom. Ihre Krankheit behinderte ihren Unterricht jedoch kaum, weil sie hauptsächlich vokale Tics hatte, die ihre taubstummen Schüler nicht wahrnahmen. Doch nach einiger Zeit änderten sich die Tics, plötzlich zuckte sie am ganzen Körper, die vokalen Tics gingen zurück. Sie war nicht mehr in der Lage zu unterrichten. »Ja, ja«, sagt Christian, als ob er in diesem Moment meine Gedanken erraten hat, »es geht immer um das Abnorme, Auffällige. Wenn ich schreie und keiner hört es, dann zucke ich eben, um ungewollt Aufmerksamkeit zu erregen. Im Moment falle ich eben auf, indem ich nicht tice.« Das »Nicht-Ticen« ein Tic? Wie soll ich das, was ich selbst kaum glauben und verstehen kann, später visuell vermitteln?

Ein letzter Versuch bleibt uns, der Sportunterricht bei Dietlof Krüger. Auch hier hat Christian unser Kommen angekündigt und Einfluß auf das Programm genommen. Extra für uns wird Basketball gespielt, da liegt Christian, wie mir sein Sportlehrer später erzählt, »glatt im Einserbereich«. Auch in der Sporthalle ändert sich zunächst nichts, Christian ist zu Beginn äußerlich nicht anzumerken, daß er am Tourette-Syndrom leidet, im Gegenteil, auf dem Court zählt er zu den besten seines Jahrgangs, trifft und paßt, will sich auch in dieser Disziplin beweisen. Doch schließlich wird er Opfer seines eigenen Perfektionszwanges und Ehrgeizes. Durch das anstrengende, andauernde Hin- und Herlaufen ist er nach zehn Minuten völlig aus der Puste, und die Schreie, Zuckungen und Grimassen kehren zurück. Für Sportlehrer Krüger nicht überraschend, »denn solange Christian richtig konzentriert spielt«, meint er, »fällt das mit seiner Krankheit gar nicht so sehr auf. Wenn er konditionell langsam runtergeht, dann verstärken sich meistens auch seine Tics. Leistungsausfälle hat Christian daher auch im Bereich der Ausdauer oder beim Vierkampf.«

Ähnliche Probleme hat Christian auch bei seinem Lieblingssport, dem Fahrradfahren. »Auch wenn ich in die Pedale trete, mache ich schneller schlapp«, erzählt er uns schwer atmend und mit hochrotem Kopf nach der Sportstunde. »Es liegt nicht an meiner Kondition, ich brauche einfach viel Energie, um einen Tic zu unterdrücken, durch den das Lenkrad sich sonst verdrehen würde. Trotzdem fahre ich gern Rad. Wenn ich ganz schnell durch die Straßen rase, kann ich mich dabei abreagieren und ganz gut abschalten.«

Nicht nur auf seinem Drahtesel versucht Christian den Vorurteilen seiner Mitmenschen zu entfliehen. Ab und zu geht er auch in die Kirche, um dort die Ruhe zu finden, die ihm seine Krankheit sonst vorenthält: »Es hilft durchaus, mal einen Gottesdienst zu besuchen und ein Stück daran zu glauben«, erzählt er mir beim anschließenden Spaziergang durch einen Park. »Ich sage das so ganz bewußt, weil ich nicht getauft und konfirmiert worden bin und auch sehr unsicher bin, ob ich wirklich glaube oder nicht und inwieweit die Kirche da wirklich die Instanz ist, die damit zusammenhängt. Ein Gebet ist in sehr extremen Mißstimmungen halt eine kleine Hilfe, selbst wenn es niemand hören sollte. Aber durch das Gebet kann man sich

mit seinen Problemen weiter auseinandersetzen, allein
schon dadurch, daß man so zur inneren Ruhe findet.«

Der kleine Park, durch den wir gemeinsam ziellos schlen-
dern, grenzt direkt an die Jugenddorf-Christophorus-
Schule. Unzählige Male ist Christian diesen Weg schon
gegangen, hat sich Gedanken über sich und seine Zukunft
gemacht. Immer näher rücken die schriftlichen und
mündlichen Abiturprüfungen, immer näher damit auch
sein endgültiger Abschied von der Schule, der ihm während der letzten sechs Jahre Schutz gewährt und ihn behü-
tet hat. Deutlich merke ich, wie schwer es ihm fällt, sich
mit diesem Gedanken anzufreunden, immer wieder
weicht er meinen Fragen aus, möchte über seine Zu-
kunftspläne nicht reden.

Eine ganze Zeit laufen wir durch den Park, ohne daß einer
von uns beiden spricht, dann unterbricht Christian das
Schweigen mit einem seiner Urschreie, der gleichzeitig
sein Mißtrauen zu lösen scheint. »Ja«, sagt er, »ich habe
große Angst, und wie. Im Moment kann ich das Leben
hier noch genießen, aber es wird den Tag geben, an dem
die Abi-Entlassung ansteht, und dann muß ich ein anderes
Leben beginnen. Die Kontakte zu den Leuten hier, die
mir Unterstützung geben, werde ich sicher halten, aber es
wird für mich sicher sehr unangenehm, und davor habe
ich große Bedenken und Angst. Wenn ich an die Ausbil-
dung denke, . . . es muß halt im Vorfeld ganz genau geklärt werden. Nicht, daß es nach der Probezeit heißt, es
geht nicht. Die Leute müssen vorher wissen, ob sie das
tragen können. Ja, und die Uni? Wenn selbst schon normale Leute Probleme an der Uni haben, wie soll es mir
dann gehen?

Es ist die große, kalte Welt. Ich hab' auch Angst vor der

Ungewißheit, was mit mir passiert. Es hängt halt an mir. Wenn der Tic nicht wäre, dann wäre so vieles einfacher.«

Als ich Christian einige Monate später anrufe, um ihn für eine Talkshow über das Tourette-Syndrom einzuladen, erfahre ich, daß sich seine düsteren Zukunftsprognosen nicht erfüllt haben. Er hat sein Abitur als einer der Jahrgangsbesten mit 1,8 abgeschlossen und studiert seit einigen Monaten Betriebswirtschaftslehre in Lüneburg. Wie sein ganzes bisheriges Leben, so hat er auch diesen Schritt generalstabsmäßig vorbereitet und nichts dem Zufall überlassen. Um seine zukünftigen Kommilitonen auf sein Leiden vorzubereiten, hat er bereits Handzettel vorbereitet, mit jedem seiner Professoren führte er Gespräche, um sie auf diese ungewohnte Situation im Hörsaal vorzubereiten, denn schon in Braunschweig hat er erfahren: »Je mehr die anderen über mich wissen, desto mehr Verständnis bringen sie für mich auf.« Auch neue Freunde hat Christian in Lüneburg schon gefunden. Mitstudent Robert Muntendorf erinnert sich noch gut an die erste Begegnung mit dem Tourette-Kranken:

»Am Anfang haben wir seine Tics schon genau beobachtet und hingehört, wie er schreit. Klar haben wir auch darüber gelacht. Nach einigen Wochen habe ich ihn dann mal zu Hause besucht, und nachdem ich ein bißchen Abstand von den Tics genommen habe, habe ich plötzlich gemerkt, daß er ein richtig netter Typ ist. Seitdem sind wir gut befreundet.«

Das alles erzählt mir Robert, während wir mit Christian gemeinsam nach Köln fliegen. Vor einem Millionenpublikum soll er in der Sendung STERN TV über sein Leben mit den Tics berichten. Während dieses Fluges sitze ich neben Christian und kann mich seitdem noch besser in seine schwierige Situation hineindenken. Schon als er das Flugzeug besteigt, wird es einigen Passagieren ganz mulmig zumute. Immer wieder hallt beim Platzsuchen das laute, unkontrollierte Trampeln Christians durch die Gangway. Das ganze Flugzeug scheint dabei zu vibrieren, dazu kommen natürlich Christians Schreie, die auch hier ihre Wirkung nicht verfehlen. Die Stewardessen sind sichtlich irritiert. Betont freundlich und aufmerksam bedienen sie uns, doch hinter dem einstudierten Dauerlächeln kann ich deutlich die vielen Fragezeichen und die Angst lesen, etwas Falsches zu sagen oder zu tun.

Noch schlimmer sind die stummen Blicke der übrigen Passagiere. Hilflos taxieren sie Christian, doch keiner traut sich zu fragen, was mit dem Jugendlichen nicht stimmt, obwohl bestimmt fast alle neugierig sind. Während des Fluges klemmt Christian seine ständig flatternden und zuckenden Arme unter seine Beine und versucht, sich zu konzentrieren. »Das hilft manchmal gegen die Tics«, sagt er mit einem gequälten Lächeln. Anstrengung und innere Anspannung sind ihm deutlich anzumerken. Schweißperlen rinnen seitlich über seine Wangen. Seine Tics für diesen einstündigen Flug zu unterdrücken, muß für Christian ein Horrortrip sein, doch auch mit dieser gewaltigen Energieleistung kann er es nicht verhindern, daß sich sein Körper von Zeit zu Zeit wieder selbständig macht. Einige Male haut er mit voller Wucht und flacher Hand gegen den Vordersitz, so daß die junge Frau vor uns einen richtigen Satz nach vorn macht. Ich spüre, wie peinlich Christian das alles ist, und sofort entschuldigt er sich auch bei der Frau für diesen plötzlichen Tic-Anfall. Glücklicherweise lächelt sie kurz darauf wieder und sagt: »Alles klar, war nicht so schlimm.« Das ganze passiert noch einige Male, doch jetzt unterbricht die Frau nicht einmal mehr das Gespräch mit ihrem Begleiter.

Der Grund für diese innere Angespanntheit Christians liegt nicht nur an der Enge und Abgeschlossenheit des Raums. Etwa acht Stunden später werden Millionen Zuschauer ihn live erleben, wenn er über seine Tics erzählt. Diese Situation ist für ihn noch nicht klar überschaubar, läßt sich nicht hundertprozentig planen. Dabei hat Christian wieder gute Vorarbeit geleistet. Die Einspielfilme, die wir über ihn in Braunschweig gedreht haben, hat er sich schicken lassen, und außerdem bin ich der festen Überzeugung, daß er der erste Studiogast von Günther Jauch ist, der mehr über ihn weiß, als er über den Studiogast. Familienverhältnisse, journalistische Karriere und die größten Pannen des beliebten Fernsehmoderators sind ihm bekannt, schon Wochen vorher hat er ausgiebig »recherchiert«, um sich auf diese Situation vorzubereiten. Er hat sich auch einige Sendungen des gebürtigen Berliners angesehen und eine ihn äußerlich störende Eigenheit des Stern-TV-Chefs ausfindig gemacht. »Der hat immer zu kurze Hosen an«, glaubt er beobachtet zu haben, »wenn er in seinem Sessel sitzt, rutscht die Hose dann immer über die Strümpfe, das sieht doof aus. «

Einige Stunden später steht er Günther Jauch dann persönlich gegenüber mit der festen Absicht, Fragen und Antworten genau abzusprechen. Doch bevor Christian loslegen kann, zeigt Günther Jauch auf seine Hose, die fast über seine Schuhe fällt, und fragt mit einem entwaffnenden Grinsen: »Na, Herr Hempel, ist die auch wieder zu kurz für Sie?« Wir alle, auch Christian, müssen über diese unerwartete Geste sehr lachen, und damit hat der Moderator bei Christian gewonnen. Er kann ihn dann auch überzeugen, die Sendung nicht bis ins kleinste Detail vorzubesprechen, damit die Spontaneität des Studiogesprächs erhalten bleibt. Der erfahrene Fernsehjournalist soll recht behalten. Auf seine Zukunft und seinen Berufswunsch angesprochen, antwortet Christian ohne Zögern »Manager« und stiehlt Günther Jauch damit die Show, und was noch wichtiger ist, er gewinnt die Sympathie des Publikums und der Fernsehzuschauer, die sich zwei Stunden zuvor vielleicht vor seinem Auftreten und seinen lauten Schreien gefürchtet hätten. Die Resonanz auf die Sendung ist groß, viele Leute melden sich, die zum Teil schon dreißig Jahre mit dieser Krankheit gelebt haben, ohne zu wissen, woran sie leiden. Schüler, die bisher nur von ihren Mitschülern gehänselt wurden, stehen plötzlich im Mittelpunkt des Interesses, wie wir aus den vielen Zuschaueranrufen erfahren. Dementsprechend gelöst verläuft auch der Rückflug. Erst als wir in der vom hellen Sonnenlicht durchfluteten Abflughalle des Kölner Flughafens sitzen, nehmen Christians Tics plötzlich wieder zu.

»Komm, wir setzen uns in den Schatten«, auch er hat seine steigende Ticfrequenz bemerkt, »wenn es warm wird, nehmen meist auch die Tics zu.« Als wir ein schattiges Plätzchen gefunden haben, wird es dann auch wirklich sofort besser. Beim Einsteigen freut sich Christian über einen prominenten Mitflieger, den Komiker Karl Dall hat er schon in seiner Kindheit bewundert. Doch auch der sonst so schlagfertige Humorist übersieht und überhört geflissentlich Christians Tics und kann auch den kurz nach dem Abflug plötzlich einsetzenden Turbulenzen nichts Witziges abgewinnen. Anders Christian, als seine Ginger-Ale-Dose an mir vorbeisegelt, freut er sich und stellt fest: »Mensch, das Flugzeug hat ja auch Tourette.«

Am Hamburger Flughafen verabschieden wir uns, Christian ist voll von neuen Eindrücken und Zukunftshoffnungen, will sein Tourette-Syndrom nicht mehr als Krankheit, sondern als positives Markenzeichen verstehen. Nach seinen ersten Erfahrungen im Rampenlicht kann er sich nun sogar vorstellen, wie Günther Jauch Fernsehmoderator zu werden, der erste mit Tourette-Syndrom. Ich bin überzeugt, auch das wird Christian noch schaffen.

Als der Student dann zum Taxistand läuft, bemerke ich plötzlich, daß sich alle Leute nach ihm umdrehen, und erst dann wird es mir wieder bewußt. Ohrenbetäubend hallen seine Schreie durch die große Flughafenhalle. Verwundert stelle ich fest, daß ich sie tatsächlich nicht mehr gehört habe, denn eigentlich sind sie doch »ganz normal«.

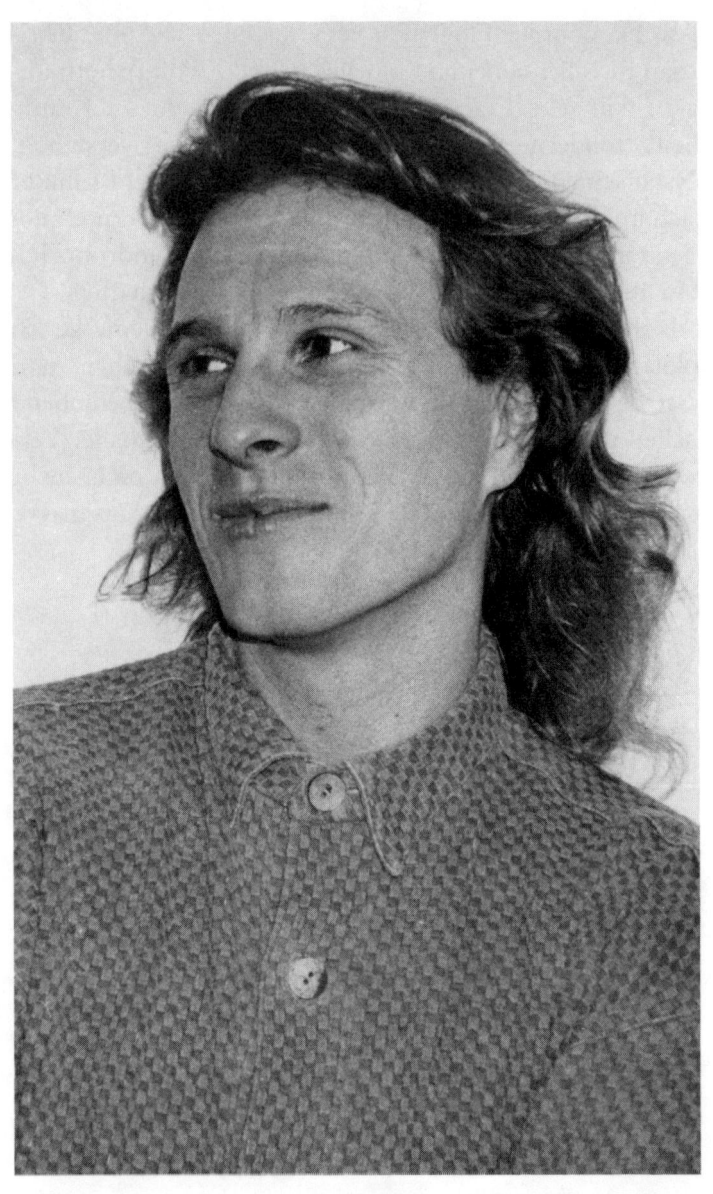

»Ne, ne, Arschloch, ficken, bumsen, tot«

Marcel Weickart

Ganz anders als bei Christian Hempel, dessen laute Schreie mich zunächst erschreckt und irritiert haben, geht es mir beim ersten Treffen mit dem 32jährigen Marcel Weickart aus Kiel. Ständig muß ich schon zu Beginn unseres Gespräches grinsen und schmunzeln, was zum einen an seinen listigen braunen Augen liegt, die bei jeder seiner Erzählungen nur so vor Humor zu sprühen scheinen. Zum anderen liegt es an Marcels Koprolalie. Ständig zwingt ihn das Tourette-Syndrom, obszöne Wörter herauszuschreien oder in seine Sätze einzubauen. »Ficken, Bumsen, Schwanzlutscher, Fotze, Arschloch«: das ist nur ein kleiner Auszug aus dem Wortschatz, den das Tourette-Syndrom Marcel täglich in den Mund legt. In immer neuen Kombinationen baut er, ohne es zu wollen, diese Wörter in seine Sätze ein, was ständig zu unfreiwillig komischen, aber auch peinlichen Situationen führt. Zum Beispiel als er seine Katze »Arschloch« nennt und mich, als ich deswegen grinsen muß, kurz anblickt und »ne, ne, du Schwanzlutscher« sagt. Obwohl sich Marcel, der mit seinen langen Haaren aussieht wie der Lead-Gitarrist einer Heavy-Metal-Gruppe, dieser ständigen, unfreiwilli-

75

gen Obszönitäten in seinem Wortschatz bewußt ist, fällt es ihm nicht leicht, darüber zu reden, als ich ihn darauf anspreche.

»Das geht los bei Schimpfwörtern, die an jeder Tankstelle gebraucht werden, bis hin zu, *ficken**, stark sexuell belegten Geschichten«, versucht der schlanke junge Mann die ihm auferlegten Vokabeln des Tourette-Wörterbuchs aufzuzählen. »Es fällt mir immer etwas schwer, das bewußt zu sagen. Es ist mir peinlich, obwohl ich es den ganzen Tag aus mir rausschleudere. Sachen wie Ficken, Bumsen, Schwanzlecken, Sachen, die also schon extrem sexuell sind. Das ist das, was meine Tics am stärksten ausmacht, womit ich auch am meisten auffalle. Über ein Zucken kann man noch hinwegsehen, aber diese Dinge sind zu offensichtlich und sehr schwer zu kaschieren oder zu unterdrücken, zumindest über längere Zeiträume.«

Nach diesen Worten schnalzt Marcel mit seiner Zunge, es folgen Spuckgeräusche, ein leichtes Zucken des Kopfes und ein kurzes Pfeifen. Das sind fast die einzigen motorischen Störungen, die ich während des Gesprächs bei dem Tourette-Kranken entdecken kann. Viel schlimmer, erzählt er mir, sei für ihn das ständige Benutzen obszöner

---

* Die Leser sollen einen eigenen Eindruck von der Krankheit gewinnen. Deshalb haben wir die Äußerungen von Marcel Weickart wortwörtlich wiedergegeben, die von ihm eingestreuten obszönen Wörter (im Text kursiv gesetzt) wurden bewußt nicht weggelassen. Sie sind Ausdruck der Koprolalie, unter der Marcel leidet. Allerdings konzentrierte sich Marcel während der Interviews so stark, daß er relativ wenig Obszönitäten in seine Sätze einbaute. Auch die Auswahl der verwendeten Kraftausdrücke und Schimpfwörter variierte während der Interviews nicht sehr stark, stellen also nur einen Bruchteil der von Marcel sonst verwendeten, schier unerschöpflichen obszönen Begriffe dar.

Begriffe. Warum er gerade diese Wörter benutzt, weiß er selber nicht. »Ich bin jedenfalls kein Sexmonster«, antwortet er direkt und bestimmt auf meine Frage nach der Herkunft seiner verbalen Tourette-Attacken. »Vom Sinn der Worte, *ficken*, verbinde ich damit nichts. Ich verbinde damit, was jeder andere auch damit verbindet. Es ist nicht so, daß es eine bestimmte Bewandtnis hat, genau diese Worte auszusprechen, weil es für mich eine besondere Bedeutung hätte, *ficken*, ich zum Beispiel sexuell frustriert wäre oder Erlebnisse gehabt hätte in meiner Kindheit, die in die Richtung gehen. Ich muß nichts kompensieren, *ficken*, und habe kein starkes Bedürfnis, sexuelle Dinge auszuleben oder so. Damit hat es nichts zu tun, es ist wahllos. Ich könnte genauso ›Kuchen‹, ›Kaffeetasse‹ oder ›Wurstbrot‹ sagen, aber es sind eben diese Worte. Ich glaube, weil es provokativ ist. Das ist der einzige Aspekt. Ich sage nicht bewußt, daß ich provozieren will, aber es scheint etwas in mir zu sein, was damit zu tun hat.«

Wie allen anderen Betroffenen fällt es auch Marcel Weikkart schwer, eine befriedigende und plausible Erklärung für seine Krankheit zu finden. Für naiv hält er die Deutung des Syndroms als eines immer schon existierenden Urtriebes, der nur bei einigen Menschen stärker ausgeprägt ist, auch steht er der »Es in dem Ich«-Theorie kritisch gegenüber:

»Ich kann nicht so einfach sagen, daß das Tourette-Syndrom eine schizophrene Geschichte ist«, erklärt er seine Vorbehalte gegenüber dieser Deutungsmöglichkeit, »eine zweite, *ficken*, Persönlichkeit oder eine Komponente meiner Persönlichkeit. Ich kann aber auch nicht sagen, *Arschloch*, daß es ganz zu mir gehört, also, daß es mich ausmacht und ein Teil von mir ist. Die elementare Frage, die ich mir stellen müßte, *ficken*, wäre: Wenn ich diesen Tic nicht hätte, was wäre dann? Würde ich dann das Gefühl haben, es fehlt mir etwas, was ich vielleicht nicht mal ersetzen kann? Oder wäre ich erleichtert? Die Antwort auf die Frage ist: beides.«

Genauso schwer, wie die Krankheit einzuschätzen oder einzuordnen, fällt es Marcel zu erklären, was während eines Tics mit ihm passiert. »Es ist ein Zwang. *Ficken*, *Bumsen. Arschficker. Ficken. Ficken.* Ich kann den kausalen Zusammenhang zwischen den einzelnen Tics schwer finden, den Sinn, *ficken*, die Logik kann ich auch nicht erkennen. Es ist das sehr tiefe Gefühl, *ficken*, in mir, welches eine gewisse Entladung, Entspannung verspricht«, versucht er Worte für die kaum nachvollziehbaren Vorgänge in seinem Inneren zu finden. »Es ist wie ein erleichtertes Ausatmen. Es sind jedoch so viele Gefühle, die ständig von morgens bis abends durch mich durchströmen, daß die Anspannungs- wie die Entspannungszustände dadurch so klein und so kurz sind, *ficken*, daß es irgendwie zu einer breiigen Masse wird und nicht mehr eine wahrhafte Entspannung bedeutet.«

Gelegenheiten, sich mit anderen Betroffenen über ihre Interpretationen des Syndroms zu unterhalten, hat Marcel selten. In Kiel kennt er bis heute niemanden mit dieser Krankheit. Fast 16 Jahre dauerte es, bis er einen Menschen sah, der an derselben Krankheit wie er litt. Deswegen fährt er ab und zu auf die Treffen der Tourette-Gesellschaft, um Menschen zu treffen, bei denen er sich nicht entschuldigen muß, wenn er »Arschloch« zu ihnen sagt.

»Wir saßen also in einer großen Halle«, erinnert er sich noch gut an seine erste gemeinsame Veranstaltung mit anderen Tourette-Patienten. »Vorne hielt jemand eine

Rede, da hörte ich plötzlich zwei, drei Reihen hinter mir Sachen, die ich auch immer loslasse, wie ›Ficken‹, ›Bumsen‹, ›Schwanzlutschen‹... Ich dachte zunächst, daß ich es selbst bin und sagte zu mir selbst: ›Mensch, Marcello‹ – so wird Marcel von seinen Freunden genannt – ›jetzt hast du sogar noch ein Echo.‹ Doch dann bemerkte ich, daß dort ein Mädchen saß, das fast die gleichen Obszönitäten herausschleuderte wie ich.«

Auf diese Weise mit dem eigenen Ich konfrontiert zu werden, hinterließ bei dem 32jährigen damals gemischte Gefühle. »Einerseits war es toll«, beschreibt er diesen Zwiespalt, »festzustellen, daß es Menschen gibt, die das gleiche Problem haben wie ich, ganz speziell dieses, *ficken*, Mädchen. Andererseits, *ficken*, waren da fünfzig, sechzig unterschiedliche Patienten, die in den unterschiedlichsten Bandbreiten rumjaulten, rumbellten oder sonst was von sich gaben. Da war das fast schon ein bißchen viel nach all den Jahren, wo ich niemanden kennengelernt habe, *ficken*. Ich dachte: O Gott, was für ein Elend spielt sich da ab. Es wird einem quasi der Spiegel vorgehalten: So bist du, das hast du.«

Während unseres mehrstündigen intensiven Gesprächs fällt mir immer wieder Marcels gastfreundliches und zuvorkommendes Verhalten auf, ständig bietet er mir etwas zu essen oder trinken an und lädt mich schließlich ein, mit ihm zu frühstücken. Während er in der Küche alles vorbereitet, schweifen meine Blicke durch sein behagliches Wohnzimmer. Alte Möbel wechseln sich mit Bücherschränken und vielen Grünpflanzen ab, das Zimmer ist sehr gemütlich, man merkt, daß sein Bewohner viel Zeit in ihm verbringt. Als Marcel mit einem Tablett aus der Küche zurückkehrt, ist sein Mund in ständiger Bewegung. Kurze Pfiffe wechseln sich mit Schimpfwörtern ab und ergeben eine fast dadaistisch anmutende Wort- und Geräuschkollage. Als er dann zum Brötchen greift und es kurz in der rechten Hand hält, scheint er plötzlich mit der leblosen Backware ein Streitgespräch zu beginnen. Mit den ihm gleichermaßen vertrauten wie fremden Obszönitäten belegt er nun auch das Brötchen in seiner Hand, eine ungewollte, aber doch urkomische Situation. In diesem Moment ist es mit meiner Beherrschung vorbei, und ich fange laut an zu lachen, kurz darauf habe ich allerdings ein schlechtes Gewissen. Doch Marcel hat selbst ein Lächeln auf den Lippen und beruhigt mich dann auch gleich:

»Ich kann sehr gut verstehen, daß die Leute darüber lachen«, sagt er verständnisvoll. »Im Gegenteil, ich würde mich wundern, wenn bei den Dingen, die ich so von mir gebe, die Leute nicht lachen müßten, *ficken*. Das ist nicht nur vollkommen okay, *ficken*, das freut mich sogar richtig. Ich kann auch mitlachen. Ich bin jemand, *Schwanzlutscher*, dessen Humor sehr stark ausgeprägt ist. Ich kann mich also sehr stark selber, *ficken*, in Frage stellen, mich über mich selbst lustig machen, manchmal geht das sogar so weit, daß ich einen Kasper aus mir mache, das gefällt mir dann auch nicht, dann muß ich mich wieder ein bißchen bremsen, sonst mache ich den Alleinunterhalter. Es ist eigentlich nur dann schwierig, *ficken*, wenn Leute mich bewußt verletzen. Zum Beispiel, wenn ich jemanden kennenlerne und er dann gleich die Finger in die Wunde steckt, so richtig verletzend ist, *ficken*, provozieren will. Das ist unangenehm. Zum Beispiel, wenn Leute, *ficken*, mich auslachen. Mit mir, *ficken*, über mich lachen – das ist toll. Aber, wenn Leute mich auslachen, *ficken*, dann ist das natürlich etwas, das mir nicht gefällt.«

Nach dem Frühstück zeigt mir Marcel Fotos aus seiner Jugend und Kindheit. Unverkennbar sind darauf sein verschmitztes Grinsen und das Lachen in seinen Augen, die ihm bis heute ein sehr jugendliches Aussehen verleihen. Schon als Fünfjähriger, erinnert er sich, als er ein Bild aus dieser Zeit betrachtet, hat er Dinge an sich selbst beobachtet, die ihn von anderen Kindern unterschieden. Viele dieser Verhaltensauffälligkeiten des fünfjährigen Marcel registrierte seine Umwelt jedoch nicht oder tat sie als Eigenheiten oder Marotten ab, obwohl sie schon damals alle einen ordnenden zwanghaften Charakter hatten, wie Marcel später selbst erkannte:

»*Arschloch. Arschloch.* Ich habe mir ständig die Strümpfe hochgezogen, weil es so sein mußte, daß der Strumpf genau am Fuß anlag. Der Strumpf durfte da nicht runterrutschen, *ficken.*« Intensiv betrachtet Marcel die alten Fotos und versucht sich an weitere Vorboten des Tourette-Syndroms zu erinnern. »Da war auch noch die Sache mit meiner Lederhose«, fällt ihm wenig später ein. »Als kleiner Junge mußte ich immer an den Hosenträgern rumziehen. Oder ich habe mir ständig durch die Haare oder durchs Gesicht gestrichen, *ficken.* Meine Oma sagte damals, *ficken,* immer, ich hätte ständig ein schmutziges Gesicht, weil meine Hände als Kind, wenn ich spielte, immer schmutzig waren. Und da ich dauernd durchs Gesicht wischte, sah ich immer dementsprechend aus.«

Im Alter von elf Jahren zeigte sich das Tourette-Syndrom dann ganz deutlich. Zuerst meldete es sich mit Zuckungen, plötzlichen Bewegungen des Kopfes und Augenzwinkern. Ein Jahr später kommen Vokaltics und Obszönitäten dazu. Marcels Eltern sind damals schon geschieden, er bleibt beim Vater, seine Mutter hat ihn, wie er heute selbst sagt, verlassen. Sie ist von Marcels Krankheit überfordert, schämt sich für den Sohn und bricht den Kontakt zu ihm ab. Als Vierzehnjähriger trifft er sie noch einmal wieder:

»Damals war ich für zwei Wochen bei meiner Mutter zu Besuch, *Arschloch*. Wir sind dann zusammen in den Zoo gegangen.« Er erinnert sich an diese Begegnung, als wäre das Ganze erst gestern und nicht bereits vor 18 Jahren passiert. »Wir saßen in einem Straßencafé, die Sonne schien, und wir bestellten Schokoladeneis. Meiner Mutter war es sehr peinlich, wie die Kellnerin auf mich reagierte. Ich spürte, sie hätte sich am liebsten verkrochen oder wäre schnell weggelaufen, weil die Vorstellung, zu mir zu gehören – ich hoffte und erwartete auch, daß sie zu mir steht –, ihr überaus unbehaglich war. Das war für mich sehr verletzend, das hat mir damals sehr weh getan. Meine Mutter ist vom Charakter her eben ziemlich kalt. Als Kind hat mich das sicher sehr verletzt, spielte später aber keine große Rolle mehr.«

Auch Marcels Vater ist zunächst von den Tics seines Sohnes irritiert. Marcel kann sich noch gut an seinen Satz »Nun reiß dich mal zusammen, was machst du da« erinnern. Doch er glaubt bis heute, daß sein Vater intelligent genug war, um zu spüren, daß seine Zuckungen und Obszönitäten nicht böswillig waren. Marcel bleibt nur diese Vermutung, denn in dem Jahr, in dem die Tics das erstemal in dieser Deutlichkeit erkennbar wurden, starb sein Vater.

Marcel wächst bei seinen Großeltern auf, anders als seine leibliche Mutter gehen sie mit ihrem Enkelsohn trotz der seltsamen Erkrankung sehr liebevoll um. »Nie war ihnen meine Krankheit peinlich«, freut sich Marcel noch heute über diese herzliche Aufnahme bei seinen Großeltern, die ihm die Eltern ersetzten. Schwierig wird es für ihn erst wieder, als er in die Schule kommt. Jeden Morgen muß sich der Tourette-kranke Schüler überwinden, um dem Spott und Unverständnis seiner Mitschüler zu trotzen und den Unterricht zu besuchen. Wie aufs Stichwort fällt beim Durchblättern seiner Fotoalben ein Bild heraus, das an seinem ersten Schultag aufgenommen wurde und ihn mit einer Zuckertüte in der Hand neben seiner Mutter zeigt. Mit diesem Bild kehren auch die Erinnerungen an die erlittenen Demütigungen während seiner Schulzeit zurück. »Man hat mich sehr gehänselt«, erzählt er mir, in das schon etwas vergilbte Foto vertieft. »Es ist ja oft so in einer Klasse, daß das vermeintlich schwächste Glied rausgesucht wird, um auf ihm rumzuhacken und seine eigene vermeintliche Stärke zu zeigen. Ich war dort eben immer der Sündenbock. *Ficken.* Ich kann mich, *ficken,* an eine Zeit erinnern, da kam ich in die Klasse, und man begrüßte mich als den ›Zucker‹-Kranken; nicht, weil ich zuckerkrank war, sondern wegen meiner Zuckungen. Das war ein ganz tolles Wortspiel, man fand es sehr komisch«, seine letzten Worte begleitet ein zynisches Lächeln. »Es hatte ja auch einen gewissen Humor, aber so richtig drüber lachen konnte ich eigentlich nicht. Das war so etwas Typisches, so was, *ficken,* ließ man sich öfters einfallen und zwar teilweise so, daß ich mich auf die Schule, die anstehenden Klausuren nicht mehr konzentrieren konnte. Es ging für mich dann nur darum, morgens möglichst spät in die Schule zu kommen und dann möglichst früh wieder nach Hause zu gehen, um diesen Spießrutenlauf zu überstehen.«

Trotz dieser negativen Erfahrungen gab es für Marcel aber

auch immer wieder Freundschaften mit Mitschülern, die ihn so akzeptierten, wie er war. Bei vielen Partys war er der Mittelpunkt des Abends, zum einen wegen seines Humors, aber natürlich auch wegen seiner bizarren, ungewöhnlichen Krankheit, die auf den Teenagerpartys sofort für Gesprächsstoff sorgte. Bis zu einem gewissen Grad sei er immer integriert gewesen, stellt Marcel heute nüchtern fest, aber nicht selten führte auch hier seine Krankheit zu bitteren Erfahrungen. »Es gab zum Beispiel manchmal Partys, da sagten einige Leute: ›Den Marcel können wir eigentlich nicht einladen, das ist unangenehm, und heute haben wir auch keine große Lust, den Clown einzuladen, weil der sich ja immer so produziert.‹ Ich war nämlich immer der, der einen gewissen Partyerfolg hatte, dadurch, daß man über mich lachen konnte. Und wenn man dazu keine Lust hatte, sagte man sich: ›Nee, das ersparen wir uns.‹ Ich weiß heute von vielen Partys, bei denen ich übergangen worden bin, oft merkte ich erst eine Woche später, daß da Feten waren, über die keiner mit mir gesprochen hatte.«

Der weitere Lebensweg Marcels ist durch den ständigen Einfluß des Syndroms ziemlich unkonventionell. »Ich war teilweise so damit beschäftigt, mit dem Tic umzugehen«, läßt er sein bisheriges Leben an sich vorüberziehen, »hatte immer Schwierigkeiten, mit der Krankheit klarzukommen, *ficken*, und mich damit über Wasser zu halten, so daß ich mich teilweise gar nicht auf mein Leben und meine Zukunft konzentrieren konnte. Das war wie in der Schule, *ficken*. Es war nicht mehr wichtig, die schulischen Leistungen zu bringen, sondern nur noch, diesen ›Spießrutenlauf‹ jeden Morgen hinter mich zu bringen. Die Schule und Noten waren eigentlich sekundär. Es war mein ganzes Leben lang immer so, *ficken*, daß da vieles kaputtging.«

Aus diesem Grund bricht Marcel die Schule ab. Doch nicht nur seine berufliche Zukunft zerbricht damals, sondern auch sein Glaube an eine leistungsorientierte Gesellschaft. Die hatte ihn zeit seines Lebens wegen seiner Krankheit isoliert und ausgegrenzt. Langsam begreife ich: seine Wohnung, sein Zimmer, seine wenigen, aber guten Freunde, das ist heute seine Welt.

»Immer wieder habe ich mich gefragt«, erklärt er seine (Über-)Lebensphilosophie, »warum ich den ersten Schritt gehen sollte, wenn der dritte und vierte mir nicht möglich sein wird? *Ficken.* Es hört sich ein bißchen naiv an, aber ich glaube, das ist es gar nicht. Für mich, *ficken*, war es immer wichtig, *ficken*, hinter dem, was ich tue, auch stehen zu können. Das Gefühl zu haben, *ficken*: ›Das willst du. Nicht deine, *Arschloch*, Eltern, die Gesellschaft oder sonst wer.‹ Ich mußte immer wissen, wozu ich etwas tue. Wenn ich das von vorneherein nicht weiß und dazu kommt, daß ich durch den Tic gar nicht weiß, *ficken*, wie ich das später umsetzen kann, wozu quäle ich mich dann? Um ein Stück Papier zu kriegen?« Bevor ich etwas dazu sagen kann, versucht Marcel, sich selbst eine Antwort auf diese schwierigen Fragen zu geben. »Es ist wie ein Trauschein, *ficken*: ein Stück Papier, *ficken*, das irgend etwas bescheinigen soll, *ficken*, was ich nicht unbedingt brauche. Entweder ist es vorhanden, *ficken*, dann brauche ich keine Bescheinigung darüber, oder ich brauche es gar nicht anzustreben. Ich muß natürlich gewisse Voraussetzungen schaffen, um irgendwelche Qualifikationen nachzuweisen. Aber dieser Druck, der auf mir lastete, war einfach stärker. Ich habe mich immer nach dem Sinn gefragt und fühlte mich wie ein Außerirdischer in einer fremden Welt und wußte nie, wo ich eigentlich richtig war, aber daß ich da falsch war, war mir irgendwie klar. Bevor ich dann weiter den falschen Weg gehe, lasse ich es lieber, weil ich mir dann wenigstens ein bißchen was von diesen Schmerzen ersparen kann, die damit verbunden sind.«

Seit dem Abbruch der Schule hat Marcel, der heute von Sozialhilfe lebt, nur noch einmal versucht, den Weg in ein »normales« Berufsleben zu finden. Er stieg vor einigen Jahren in die kleine Bauelementefirma seines Onkels ein, arbeitete dort als Vertreter, Bürokraft und Monteur oder, wie Marcel es ausdrückt, als eine Art »Mädchen für alles«. Doch auch hier konnte Marcel nicht Fuß fassen, ständig fühlte er sich unwohl, fremd und fehl am Platze. Viele Kundengespräche endeten damit, daß sein Gegenüber grinste oder irritiert und verständnislos dreinblickte, im Kampf um Aufträge blieb ihm keine Zeit für lange Erklärungen.

»Wenn man irgendwo hingeht, *ficken*, mit Leuten spricht und zu den Leuten einige dieser Worte sagt, ist ein Vertrauensverhältnis, eine Basis sehr schwer aufzubauen«, beschreibt Marcel die Hauptprobleme seines kurzen Berufslebens. »Es ist schwer, mit diesen Menschen umzugehen. Es geht immer irgendwie um Geld, um Interessen, und es ist schwer, Menschen das dann zu erklären. Meistens fehlt auch die Möglichkeit. Man müßte den Menschen viel länger kennen, *ficken*, er müßte mich viel länger kennen und sagen: ›Mensch, der hat den Tic.‹ *Ficken*. Dann könnte er entscheiden: ›Der Junge ist doch ganz in Ordnung.‹ Diese Möglichkeit ist oft nicht da, weil die Berührungspunkte zu kurz sind. Du hast mit den Leuten eine Stunde, *ficken*, zu tun, und da ist es schwer, eine

Basis zu finden. Deswegen habe ich im beruflichen Bereich das Gefühl, daß ich da niemals wirklich reinwachsen könnte.«

Auch wenn Marcel vor den für ihn scheinbar unüberwindbaren Problemen, eine geeignete berufliche Perspektive zu finden, resigniert hat, so muß er doch selbst um das kämpfen, was ihm noch geblieben ist. Als seine Großmutter aus der gemeinsamen Wohnung in Kiel auszieht, ist der seltsame junge Mann mit den Tics, der nun allein in der Wohnung lebt, den meisten Nachbarn ein Dorn im Auge. Gemeinsam versuchen sie, ihn loszuwerden.

»*Arschficker*. Als dieser Umzug stattfand, *ficken*, hatten wohl viele das Gefühl, *ficken*, jetzt ist der ›Verrückte‹ alleine hier.« Marcel hat für die Intoleranz seiner Mitmenschen nur ein zynisches Lächeln übrig. »Ich habe, *gefickt*, versucht, *ficken*, auf die Leute zuzugehen, obwohl das immer abgeblockt wurde. Irgendwann habe ich es aufgegeben und mir gesagt: ›Man kann einem Menschen nicht etwas erklären wollen, wenn er es nicht wissen will.‹ *Ficken*. Das mündete dann darin, *ficken*, daß die Leute wirklich Unterschriften sammelten, *ficken*, weil ich angeblich viel zu laut gewesen wäre, *ficken*, und den Hausfrieden stören würde, *ficken*. Ich kann mich an ein Mal erinnern, da beschwerte sich, *ficken*, eine Nachbarin über mich, ich hätte ständig überlaute Musik gehört. Ich weiß aber ganz genau, daß ich zu dem Zeitpunkt vierzehn Tage gar nicht zu Hause war. Es ging also offensichtlich nur darum, mich loszuwerden. Keiner hat mit mir gesprochen, statt dessen wurden Unterschriften gesammelt und der Hausverwaltung vorgelegt.«

Nur durch die Androhung rechtlicher Schritte gelingt es Marcel, die Hausverwaltung davon abzuhalten, ihn vor die Türe zu setzen. Als er danach einzelne Nachbarn auf die Unterschriftenliste anspricht, weichen sie ihm aus oder bestreiten, daran beteiligt zu sein. Mittlerweile hat Marcel gelernt, mit dieser Scheinheiligkeit seiner Umwelt zu leben. Doch was ihm am meisten zu schaffen macht, ist der Umgang mit kleinen Kindern; denn wie soll er ihnen etwas vermitteln, was schon ihre Eltern meist nicht verstehen. Schmerzhaft wurde dem Tourette-Kranken dies bewußt, als er mit seinem Freund Dieter und dessen sechsjährigem Sohn auf einem Spielplatz war.

»*Arschloch, Arschloch.* Der Kleine spielte da in der Sandkiste rum«, erinnert sich Marcel an dieses sehr unangenehme Erlebnis. »Mein Freund Dieter und ich saßen am Rand auf der Bank und unterhielten uns, *ficken*. Plötzlich schrie, *ficken*, mich eine unbekannte Frau über den ganzen Kinderspielplatz an: ›Sie, Sie sind einer von denen‹ – ich wußte erst gar nicht, daß ich gemeint war, weil die so weit weg war – ›die hier, *ficken*, *ficken*, die Kinder mißbrauchen. So was wie Sie müßte man vergasen. Sie gehören ins KZ. Schade, daß es so was nicht mehr gibt.‹ Sie sah mich mit haßerfülltem Gesicht an und schrie immer weiter. Ich kam gar nicht zu Wort. Ich wollte sie nur irgendwie bremsen. Ich wollte nur sagen: ›Na, hören Sie mal. Ich möchte mal gerne etwas erklären.‹ Aber ich kam nicht dazu. Ich hätte gar nicht laut genug schreien können, für sie war ich halt einfach ein Kinderschänder. Irgendwann hat sie sich dann beruhigt, trotzdem kam ich mir wahnsinnig hilflos vor.«

Als Marcel noch zur Schule ging, machte er sich selbst oft zum »Kasper«, um von seinen Mitschülern anerkannt zu werden, heute sagt er selbstbewußt, »wer mit dem Tic nicht umgehen kann, den möchte ich auch nicht kennenlernen oder mit ihm befreundet sein«. Natürlich ist das auch ein Schutzmechanismus, der aus solch unangenehmen Begegnungen resultiert. Immer wieder begegnen ihm Menschen wie die Mitbewohner seines Hauses oder die Frau vom Spielplatz, die ihm nur Unverständnis oder Aggressionen entgegenbringen.

Als wir einige Wochen später vor laufender Kamera über dieses Thema reden, erzählt er mir noch eine weitere Geschichte, die ihn nicht nur seelisch verletzt hat. In der Kneipe eines Freundes traf er einen Bekannten, den sein 25jähriger Sohn begleitete. Zunächst war der Sohn, der Marcel vorher nicht kannte, sehr erstaunt über dessen Tics und Obszönitäten. Nachdem er ihm lange die Zusammenhänge seiner Krankheit erklärt hatte, schien alles in Ordnung zu sein. Er lud Marcel sogar auf ein Bier ein. Doch plötzlich passiert das Unerwartete, völlig unvorbereitet und grundlos schlug der Jugendliche plötzlich zu. »Ich fand mich plötzlich auf dem Fußboden wieder, mit dem Stuhl neben mir, faßte mir an die blutige Lippe und wußte so schnell gar nicht, was passiert war.« Noch heute ist Marcel das Unverständnis über diese plötzliche Brutalität vom Gesicht abzulesen. »Ich stand auf und dachte: Was war das denn jetzt? *Ficken, Arschloch.* Der Freund von mir, dem die Kneipe damals gehörte, hat daraufhin den Mann vor die Tür befördert und sagte: ›Geh bloß weg. Geh mir aus den Augen!‹ Er war sehr erregt. Mich hatte es gefreut, daß er sich so für mich einsetzte, *ficken.* Ich weiß eigentlich nur noch, daß ich mit blutiger Lippe auf dem Fußboden lag. Der Zahn war auch locker. Eben sagte er noch ›Prost‹ und auf einmal . . . – ich konnte darauf gar nicht mehr reagieren. Der Junge war nun nicht gerade eine Geistesleuchte. Das spielte wohl eine Rolle dabei. Er

89

wollte einfach zeigen, daß er ein unheimlich starker Typ ist, und wahrscheinlich war sein Gehirn nicht mal so groß wie sein Cowboystiefel, sage ich mal, *ficken, Arschloch.*«

An dieser Stelle des Interviews müssen wir eine Pause machen, Kameramann André und Assistent Erik können ihr Lachen über Marcels Formulierung des Geisteszustandes seines unverständigen Kontrahenten nicht mehr unterdrücken. Immer mehr beginne ich den Tourette-Kranken zu bewundern, der selbst solchen unangenehmen Erinnerungen immer noch eine witzige Seite abgewinnen kann und auf solche Erlebnisse mit menschlicher Größe reagiert, die seine Mitmenschen so oft vermissen lassen.

Nach dieser kleinen Pause möchte ich mich mit Marcel über seine Großmutter unterhalten, die ihn wie eine Mutter großzog. Kaum habe ich die Frage gestellt, antwortet Marcel nur kurz: »*Die ist tot.*« Ich bin verwirrt, denn vor einigen Wochen hatte er mir noch von ihr erzählt, da erfreute sie sich noch bester Gesundheit. Rasch klärt Marcel dieses Tourette-bedingte Mißverständnis auf:

»Das ist das gleiche wie mit den sexuellen Begriffen, *ficken*. Es gibt Begriffe, die ich eine bestimmte Zeitlang benutze, und dann sind sie auf einmal vorübergehend verschwunden, lassen nach oder sind ganz weg, und andere Begriffe kommen dazu. Die Sache mit dem ›Tod‹ mache ich etwa seit einem halben Jahr. Es hat natürlich keinen Zusammenhang mit realen Personen oder Ereignissen«, versichert er mir. »Oftmals paßt es in die Situation rein, dann sind die Leute um so irritierter, weil sie gar nicht mehr wissen, meint der das jetzt so? Aber es ist wirklich wertfrei, ›losgelöst‹ von dem, was ich sonst sage.«

Noch sichtlich verwundert über den verbalen und fast schon hinterlistigen Einfallsreichtum des Tourette-Syndroms bringt mich Marcel bei der nächsten Frage schon wieder aus dem Konzept. Dreimal setze ich an, um sie zu stellen, doch jedesmal wenn ich beginne, schleudert er mir seine Obszönitäten so laut entgegen, daß ich kaum noch meine eigenen Worte verstehen kann. Fast gewinne ich den Eindruck, daß Marcel mit seiner Schimpfkanonade immer erst dann beginnt, wenn ich wieder anfange zu sprechen, so als ob er verhindern wollte, daß ich ihn noch weiter interviewe. Endlich gelingt es mir nach einem sehr phonstarken »*Ne, Ne, Arschoch, ficken, bumsen, tot*«, ihn zu fragen, warum er mich immer wieder unterbricht.

»Ja, ja, *ficken*, das ist keine Absicht«, antwortet er mir, und ich merke, daß ihm diese Frage peinlich ist. »Ich hatte vorhin ja auch schon im anderen Zusammenhang gesagt, *ficken*, daß der Tic etwas damit zu tun haben muß, *ficken*, daß es, *ficken*, etwas Auffallendes sein muß«, erklärt er weiter. »Es muß auffallen, es muß schockieren, es muß irgendwo in den Mittelpunkt rücken. Es ist unbewußt und ganz weit hinten im Hinterkopf. Und ich glaube, gerade wenn Leute sich unterhalten oder ich mit jemandem rede und der andere spricht, ist irgendwo dieser Impuls da, ihn unterbrechen zu müssen, ihn zu übertönen mit diesen Tics. Ich weiß nicht, warum das, *ficken*, so ist«, sagt er achselzuckend. »Wenn ich mich sehr konzentriere und selbst etwas erzähle, dann ist es nicht ganz so stark mit den Tics. Aber wenn jemand anderes etwas erzählt, scheint da so ein Unbehagen zu entstehen, das die Tics auch verstärkt. So daß die Tendenz besteht, daß ich jemanden vollkommen überfahre, ihn unterbreche und am besten nicht zu Wort kommen lasse, weil es offensichtlich aus Sicht meines Tics angenehmer ist, selbst zu reden, als zuzuhören. Obwohl ich eigentlich gerne zuhöre und auch sehr genau zuhöre, auch wenn die Menschen das natürlich nicht immer so empfinden.«

Bei diesen letzten Worten Marcels nickt Birgit, die während des Interviews neben ihm sitzt, zustimmend. Mit ihr war Marcel zwei Jahre zusammen, und sie ist bis heute, wie er mir später anvertraut, seine große Liebe. Über eine gemeinsame Freundin lernten sie sich vor einigen Jahren kennen. Birgit hatte, wie sie auch heute noch betont, überhaupt keine Probleme mit der Krankheit ihres neuen Freundes, fand die Tics weder schlimm noch abstoßend, sondern war gleich zu Beginn von Marcel »als Mensch unheimlich fasziniert«. Erste Probleme tauchen erst auf, als Birgits Eltern den Tourette-kranken Freund ihrer Tochter kennenlernen. Die hübsche blonde Frau, die heute als Stewardeß arbeitet, mußte sich sofort wegen ihres neuen Freundes rechtfertigen, denn ihre Eltern sahen keinen Sinn in dieser Beziehung, befürchteten, daß Birgit sich für Marcel aufgibt. Weil sie »das Beste« für ihre Tochter wollen, stellen sie sie sogar vor die Wahl: »Entweder wir oder Marcel«.

Anfangs entscheidet sich Birgit, die damals noch bei ihren Eltern lebt, für Marcel. »Ich hatte dann allerdings überhaupt keinen Kontakt mehr zu meinen Eltern«, erzählt sie stockend. »Wir haben gar nicht mehr miteinander gesprochen. Ich war total isoliert und fühlte mich einsam. Das konnte ich zum Schluß nicht mehr aushalten.« Schließlich verläßt Birgit Marcel wegen ihrer Eltern. Bei den Dreharbeiten sieht sie ihn zum erstenmal seit dieser Trennung. Ihre anfängliche Unsicherheit im Umgang mit Marcel zeigt, daß ihr diese Entscheidung damals nicht leichtfiel. Auch an Marcel ist die Trennung nicht spurlos vorübergegangen, tief sitzt die Verletzung, daß der Mensch, den er liebte, ihn wegen seiner Krankheit verließ. Auch wenn seine Tics sicherlich nicht der alleinige Grund für die damalige Trennung waren, so weiß er doch genau:

»Alles hat mit meinem Tourette-Syndrom zu tun, *ficken*. Von daher logischerweise auch das Ende dieser Beziehung, *ficken*, *Arschloch*, *Arschloch*. Ich denke mal, *ficken*, *lecken*, daß dieser Tic etwas war, was entscheidend dazu beigetragen hat, *ficken*, *Fickloch*. Ich weiß, *ficken*, wie stark mich dieses Syndrom selbst belastet und alle, *ficken*, in meiner Umgebung, denen kann ich nachfühlen, daß es oftmals schwierig ist. Und je näher, *ficken*, mir ein Mensch ist, egal ob es nun eine Frau ist, mit der mich eine intensive Beziehung verbindet, desto schwerer muß es sein, verglichen mit anderen Menschen, die mit jemandem zusammen sind, der dieses Syndrom nicht hat, *ficken*.«

Nach diesen Worten entsteht eine peinliche Pause, kein Ficken oder Arschloch, keiner der sonst so locker über seine Lippen kommenden Sprüche lockert die Situation auf. Ich kann in diesem Moment nur erahnen, wie tief dieser Schmerz über verlorene Liebe und Perspektiven noch immer bei ihm sitzt. Bestätigt wird mein Gefühl, als ich ihn frage, ob er seitdem Frauen kennengelernt hat oder andere Beziehungen hatte. »Ich hab' da mittlerweile so eine Hemmschwelle entwickelt«, antwortet er kopfschüttelnd. »Wenn ich ein Mädchen in einer Disko oder Kneipe kennenlerne, werde ich immer sofort mit ihr reden müssen und ihr mein Problem erklären müssen, *ficken*, daß ich diesen Tic habe. Sie müßte mit mir, *ficken*, nur einmal morgens Brötchen kaufen gehen, und ich müßte sie fragen, ob sie damit leben könnte. Und diese, *ficken*, *ficken*, Angst, *ficken*, dort eine Ablehnung zu erfahren, geht meistens so weit, daß ich es gar nicht erst versuche. Selbst wenn das Interesse von dem Mädchen da ist, blocke ich es möglichst ab. Sicher ist bei zehn Frauen eine dabei, die sich für den Menschen Marcel interessiert. Nur die Frustration, erst mal neun Mädchen kennenzulernen, die mich nicht akzeptieren, vielleicht sogar über mich lachen – dazu fehlt mir die Kraft.«

Zum zweitenmal fühle ich in mir diese Ohnmacht, etwas Passendes zu sagen oder Marcel irgendwie aufzubauen. Ich kann nur immer besser verstehen, warum dieser intelligente Mann sich immer mehr zurückzieht und »unserer« Welt eine Absage erteilt. Fast erinnert er mich an den griechischen Philosophen Diogenes, der seinen Zeitgenossen den Rücken kehrte, um fortan in einer Tonne zu leben, und von dort aus mit viel Zynismus die Torheiten seiner Mitmenschen beobachtete und entlarvte.

Einige Wochen nach den Dreharbeiten telefoniere ich wieder mit Marcel. Er erzählt mir, daß er eine Frau kennengelernt hat. »Sie akzeptiert meine Krankheit«, berichtet er mir freudig. »Sie studiert Architektur und arbeitet nebenbei in einer Pizzeria, dort sollte ich sie auch gleich besuchen«, erzählt er weiter. »Da hab ich ihr gesagt, daß sie vielleicht mit Kollegen oder anderen Gästen wegen mir Probleme kriegen könnte. Darüber hat sie sich richtig geärgert und mir gesagt, daß sie sich nicht für mich schämt und selbst für den Fall, daß ihr irgendwann mal meine Tics peinlich sein sollten, hofft sie, daß ich ihr dann dabei helfen kann. *Arschloch, Schwanzlutscher.*«

Und wieder hat Marcel es geschafft, ich muß grinsen, aber diesmal nicht wegen seiner Ausdrücke, sondern weil ich mich darüber freue, daß er vielleicht die eine von zehn kennengelernt hat. Vielleicht schafft sie es ja, daß Marcel wieder ein Stück aus »seiner Tonne« herauskommt.

Was ist ein Tourette-Syndrom?

Ein Gespräch mit Prof. Dr. Aribert Rothenberger

Wie läßt sich das Tourette-Syndrom definieren?

Das Tourette-Syndrom, TS, ist eine neuropsychiatrische Erkrankung, die durch Tics charakterisiert ist. Bei den Tics handelt es sich um unwillkürliche, rasche, meistens plötzlich einschießende und mitunter sehr heftige Bewegungen, die immer wieder in gleicher Weise einzeln oder serienartig auftreten können.

Die Symptome beinhalten:

1. Sowohl multiple motorische (Muskelzuckungen) als auch einen oder mehrere vokale Tics (Lautäußerungen). Diese können sich im Verlauf der Erkrankung einstellen.

2. Das Auftreten von Tics mehrfach am Tag (gewöhnlich in Serien), fast jeden Tag oder immer wieder über einen Zeitraum von mehr als einem Jahr.

3. Periodische Wechsel hinsichtlich Anzahl, Häufigkeit,

Art und Lokalisation der Tics wie auch hinsichtlich des Zu- und Abnehmens ihrer Ausprägung. Die Symptome können manchmal wochen- oder monatelang verschwinden, aber auch unvermutet wieder auftreten.

4. Die Erkrankung beginnt meistens im siebten oder achten, fast immer aber vor dem einundzwanzigsten Lebensjahr.

Die Bezeichnung »unwillkürlich«, die zur Beschreibung der Tics verwandt wird, führt manchmal zu Mißverständnissen, weil die meisten Personen, die von einem TS betroffen sind, eine gewisse Kontrolle über ihre Symptome haben. In der Regel bedeutet die Kontrolle, die für Sekunden manchmal bis zu Stunden vom Patienten wahrgenommen werden kann, nur ein zeitliches Hinausschieben schwerer »Tic-Entladungen«. Es ist selten, daß der unterdrückte Tic überhaupt nicht nach außen kommt. Meist ist der Drang, den Tic auszuagieren so stark, daß die Muskelzuckung oder die Lautäußerung schließlich doch stattfinden muß (vergleichbar mit dem Drang zum Niesen oder zu einem Schluckauf). Menschen mit einem TS suchen oft eine geschützte Umgebung, zum Beispiel die Familie, um ihren Symptomen freien Lauf zu lassen, nachdem sie versucht haben, sie bei der Arbeit oder in der Schule zu unterdrücken. Typischerweise nehmen Tics im Zusammenhang mit ärgerlicher oder freudiger Erregung, innerer Anspannung oder Streß zu. In entspanntem Zustand, etwa morgens nach dem Aufstehen, oder bei der Konzentration auf eine interessante Aufgabe lassen sie eher nach. Kinder zeigen in der Schule oftmals weniger Tics als zu Hause; insbesondere am Abend, wenn die spontane Eigenkontrolle nachläßt, können die Tics vermehrt zum Vorschein kommen.

Grundsätzlich kann man von vier Kategorien von Tics sprechen, die hier mit einigen Beispielen angeführt sind:

• *Einfache* Tics:

Motorisch – mit den Augen blinzeln, mit dem Kopf oder den Schultern rucken, grimassieren.

Vokal – räuspern, fiepen, quieken, grunzen, schnüffeln, mit der Zunge schnalzen.

• *Komplexe* Tics:

Motorisch – springen, andere Leute oder Dinge berühren, riechen, Körperverdrehungen, manchmal selbstverletzendes Verhalten, etwa sich schlagen, kneifen oder Kopf anschlagen.

Vokal – herausschleudern von Worten und kurzen Sätzen, die in keinem logischen Zusammenhang mit dem Gesprächsthema stehen; Koprolalie, das Ausstoßen obszöner Worte; Echolalie, die Wiederholung von Lauten oder Wortfetzen, die gerade gehört wurden; Palilalie, die Wiederholung von gerade selbst gesprochenen Worten, und Kopropraxie, die Ausführung obszöner Gesten.

Die Bandbreite der Tics oder Tic-ähnlichen Symptome, die bei einem TS festgestellt werden können, ist sehr weit gefächert, die Komplexität mancher Symptome ruft bei Familienmitgliedern, Freunden, Lehrern oder Mitarbeitern oft großes Erstaunen, Verwunderung und Ärger hervor. Es entsteht vielfach der Eindruck, daß diese Handlungsweisen und Lautäußerungen schwerlich unwillkürlich sein können. Manche Personen fühlen sich durch die Tics provoziert; insbesondere wenn es sich um Koprolalie oder Kopropraxie handelt.

Wie kann der Ablauf eines Tics Nicht-Betroffenen veranschaulicht werden?

Wenn man versuchen will zu erklären, was in einem Menschen vorgeht, der eine Tic-Störung hat, und welche Reaktionsmuster ablaufen, wenn ein Tic kommt, dann kann man das vielleicht am ehesten am Beispiel des Schluckaufs. Denn wenn wir Schluckauf haben, dann können wir diesen zwar für eine gewisse Zeit unter Kontrolle halten, aber dann merken wir, wie dieser Drang nach Erfüllung des Bewegungsimpulses immer stärker wird; und nach kurzer Zeit müssen wir dann dem Schluckauf freie Bahn geben. Wenn der Schluckauf schließlich kommt, geht eine gewisse Zuckung durch unseren Körper. Das entspricht ungefähr dem ausgeführten Tic. Oder wenn Sie abends ins Bett gehen und einschlafen wollen, kann es Ihnen passieren, daß Sie, kurz bevor Sie so richtig einschlafen, noch mal mit dem ganzen Körper zucken. Das hat sicher jeder schon erlebt. Nach dem Zucken ist man dann entspannt und gleitet in den Schlaf über. Eine solche Zuckung zu verspüren, kann man mit dem Erleben eines Tics vergleichen.

Was verspürt ein Betroffener von seinen Tics?

Kinder bemerken ihre Tics anfangs oft selber gar nicht. Es sind meistens die Mütter, die aufmerksam werden, sich gestört fühlen, sich Sorgen um das Kind machen und, unnötigerweise, überlegen, ob sie Erziehungsfehler gemacht haben.
Etwa ab dem zehnten Lebensjahr werden vielfach gewisse Vorgefühle (z. B. Kribbeln im Bauch, Spannungsgefühl

im Nacken-Schulter-Bereich) unmittelbar vor einem Tic wahrgenommen. Dies kann bis zu einem »sensorischen Tic« reichen, der nach einer Bewegungsantwort verlangt. Ansonsten nehmen die Betroffenen ihre Muskelzuckungen oder Lautäußerungen erst wahr, wenn diese geschehen; manchmal, bei leichter Ausprägung, noch nicht mal dies. Nur selten kommt es als Folge der Tics zu körperlichen Beschwerden wie zum Beispiel Nackenschmerzen. Anders ist es natürlich bei Tics mit selbstverletzendem Verhalten, etwa Schlagen gegen Brust und Wange oder Kneifen an den Unterarmen.

Hat man im Schlaf auch Tics?

Während des Schlafs – manchmal schon im Liegen, während des Wachseins – nehmen die Tics deutlich ab. Dennoch kann man auch im Schlaf Tics beobachten, ohne daß sich der Betroffene am nächsten Morgen daran erinnert.

Haben Personen mit einem TS neben den Tics noch andere Verhaltensprobleme?

Nicht alle, aber doch ein großer Anteil der Menschen mit TS hat zusätzliche Probleme wie zum Beispiel:
• *Zwanghafte Verhaltensweisen,*
Perfektionismus und ritualistisches Verhalten
Dabei hat die betroffene Person das Gefühl, daß einiges immer und immer wieder getan werden muß, bis es »genau richtig« ist. Dies kann auch für eine Tic-Bewegung gelten. Es kann auch das Berühren von Dingen bedeuten, die zum Beispiel mit einer Hand und dann mit der anderen berührt werden müssen, um »die Dinge gleich zu

machen«, »Symmetrie herzustellen« oder »eine innere Melodie zu finden«. Es kann auch sein, daß die betroffene Person wiederholt prüfen muß, ob der Herd ausgeschaltet ist, die Tür richtig geschlossen ist, etc.

Kinder bitten manchmal ihre Eltern, einen Satz mehrfach zu wiederholen, bis er »richtig klingt«, oder Bettgehsituationen zu wiederholen, weil sie »nicht stimmen«. Im Fall des Perfektionismus muß der Betroffene seinen Drang in Bewegung umsetzen, bis ein gewisses Maß an Bewegung, an Perfektion, an Rückmeldung da ist, was diesen inneren Drang zufriedenstellt. Dann ist einen Moment Ruhe. Wird diese Perfektion nicht gefunden, ist der Betroffene irritiert, wird innerlich unruhig, so daß wiederum andere ritualistische Verhaltensweisen die Folge sein können.

- *Aufmerksamkeit – Hyperkinetisches Syndrom*

Dieses Syndrom findet sich bei vielen Personen mit TS. Bei Kindern können Zeichen von Hyperaktivität gesehen werden, bevor TS-Symptome auftreten. Indikatoren für ein Hyperkinetisches Syndrom sind: allgemeine motorische Unruhe; Konzentrationsschwierigkeiten; Probleme, angefangene Dinge zu Ende zu bringen; nicht zuhören können; leicht ablenkbar sein; oft handeln, bevor nachgedacht wurde; stetiger und rascher Wechsel von einer Aktivität zur anderen, noch bevor sie beendet ist; Rededrang. Die Kinder benötigen viel Aufsicht und Steuerungshilfen von außen.

Erwachsene können ebenfalls Zeichen eines Hyperkinetischen Syndroms aufweisen wie mangelnde kognitive oder emotionale Impulskontrolle sowie Konzentrationsschwierigkeiten. Bei solchen Patienten wird der Tic oft in dem Moment stärker, wo der andere spricht und der Tic-Patient Zuhörer ist. Die Bewegungskontrolle läßt dann nach, wenn sie nicht selbst agieren oder wenn viel Konzentration für andere geistige Tätigkeiten gebraucht wird und somit nicht zur Kontrolle der Tics verfügbar ist.

• *Lernschwierigkeiten*
Das sind Störungen des Lesens, des Schreibens und Rechnens sowie Probleme der differenzierten Wahrnehmung, zum Beispiel der Figur-Hintergrund-Unterscheidung komplexer Art; sie sind meist verbunden mit einem Hyperkinetischen Syndrom.

• *Schwierigkeiten mit der Impulskontrolle*
Auch hierbei kann es in seltenen Fällen zu sehr aggressivem oder auch sozial unerwünschtem Verhalten kommen.

• *Schlafstörungen und Depressivität*
Beides ist durchaus bei Personen mit TS zu finden. Die Beeinträchtigungen sind: Traurigkeit, Niedergeschlagenheit, Lustlosigkeit, Rückzugsverhalten, Einschlafschwierigkeiten, häufiges nächtliches Erwachen oder auch Schlafwandeln oder Sprechen im Schlaf.

Welchen Bezug hat die »Koprolalie« – Ausstoßen obszöner Worte – zur Umgebung?

Um die Hintergründe dieses Phänomens ranken sich viele Spekulationen. Sie reichen vom zufälligen Auftreten obszöner Worte bis zu teilweise willentlichen Provokationen. So wie motorische Tics durch das »Darüber-Sprechen« verstärkt werden können, so kann die Koprolalie durch die Anwesenheit bestimmter Personen ausgelöst und gelenkt werden. Ein Beispiel: Eine Jugendliche äußert ihre Koprolalie, zum Beispiel »Sau«, häufiger, wenn die Mutter redet. Andere Worte, zum Beispiel »ficken«, platzen eher zufällig in die Satzpausen.

Kann ein Tourette-Kranker auch Vorteile durch seine Krankheit haben?

Einige – meistens sind es junge Männer mit allgemeiner motorischer Unruhe – fallen besonders durch ihre gute Reaktionsfähigkeit und ihren Bewegungsdrang auf, zum Beispiel beim Schlagzeugspielen, bei Tischtennis, Karate oder Basketball. Zu erklären ist dies möglicherweise dadurch, daß weniger Hemmungen durch Bewegungsmuster existieren. Wenn jemand weniger zentralnervöse motorische Hemmungsmechanismen hat, dann lassen sich eher Bewegungen auslösen; vor allem wenn der Drang nach Bewegung stetig vorhanden ist. Dies gilt aber nur für wenige Betroffene. Reaktionszeiten von TS-Patienten unterscheiden sich generell nicht von denen einer gesunden Vergleichsgruppe. Nur selten versuchen TS-Patienten ihre Erkrankung einzusetzen, um sich vor Anforderungen des Alltags zu schützen.

Gibt es Dinge, die ein Tourette-Kranker aufgrund seiner Krankheit nicht tun kann?

So verschieden das Bild eines TS sein kann, so verschieden sind die Persönlichkeiten, die von einem TS betroffen sind. Ein Kind mit einem TS ist fast immer ebenso leistungsfähig wie seine Altersgenossen und kann entsprechend seine Zukunftswünsche entwickeln. Ob Sport, Musik, Gruppenaktivitäten, Reisen oder ähnliches: ein TS-Patient braucht nicht zurückzustehen. Auch die Berufe stehen ihm alle offen, viele Beispiele von Lehrern, Handwerkern, Ingenieuren, Ärzten, Kaufleuten, Berufssportlern, Schriftstellern, Musikern, Piloten etc. bestätigen dies.

Denn, so die Aussage von TS-Patienten: »Ich habe zwar das TS, aber das TS hat mich nicht!«

Gibt es eine berufliche Beeinträchtigung durch die Krankheit?

In der Regel nicht. Nur in besonders schwerwiegenden Fällen, zum Beispiel bei Neigung zu selbstverletzendem Verhalten oder Zwangsverhalten, kann dies vorkommen. Bei Berufen mit Publikumsverkehr können die Tics, insbesondere die vokalen, manchmal Einschränkungen der Berufsausübung mit sich bringen.

Was sind die ersten Symptome?

Am häufigsten findet sich zuerst ein Gesichtstic wie zum Beispiel das Blinzeln mit den Augen, plötzliches Zusammenkneifen der Augen, Verziehungen des Mundwinkels oder plötzliches Mundöffnen.
Es können aber auch unwillkürliche Lautäußerungen wie Räuspern und Naserümpfen oder einschießende Muskelzuckungen im Extremitätenbereich, etwa plötzliches symmetrisches Armbeugen, als erste Zeichen angesehen werden. Manchmal beginnt die Störung abrupt mit mehreren Symptomen, das heißt, Muskelzuckungen und Lautäußerungen treten nahezu gleichzeitig auf.

Kann es passieren, daß man als Betroffener Tics von anderen TS-Personen übernimmt?

Durchaus. Einzelne TS-Patienten berichten, daß sie ein Treffen mit Betroffenen meiden, weil sie nach einem solchen Erfahrungsaustausch, zum Beispiel bei einer Veranstaltung der Tourette-Gesellschaft Deutschland, mit zusätzlichen Tics, die sich bei ihnen »eingenistet« hätten, belastet seien und Wochen benötigten, um diese »fremden Tics« wieder loszuwerden. Die Erklärung für diesen Sachverhalt liegt wahrscheinlich in dem zwanghaften Verhalten, das mit dem TS verbunden sein kann.

Der TS-Patient fühlt sich offenbar von den Tics des Gegenübers magnetisch angezogen, so daß sich die motorische Verhaltensweise unwiderstehlich im Gehirn als Bewegungsmuster festsetzt und durchgeführt werden muß. Es kann auch sein, daß ein TS-Patient willentlich eine bestimmte Handlung durchführt, etwa küssen, etwas berühren, und diese umschriebene Handlung sich für einige Zeit als Tic verfestigt.

Was passiert im Gehirn, wenn ein Tic entsteht?

Eine bestimmte Ansammlung von Nervenzellen in unserem Gehirn, die Basalganglien, ist wesentlich mitverantwortlich für die Kontrolle von Bewegungen. Wenn diese Bewegungskontrolle aufgrund einer Störung spontan nicht ausreichend erfolgen kann, dann passiert es, daß Bewegungsmuster in Form von Tics nach außen gelangen. Will jemand die Tics als Bewegungsmuster nicht zulassen, muß er willentlich andere Bereiche seines Gehirns, das Stirnhirn, einsetzen und aktivieren, um die mangelnde Kontrolle in den Basalganglien auszugleichen.

Beim Vokaltic können bestimmte Muster von Lautäußerungen vom Gehirn nicht mehr gebremst werden. Selbst wenn der Betroffene merkt, daß eine solche Lautäußerung »auf dem Weg ist«, kann er sie nicht mehr stoppen. Die

meist extreme Lautstärke ist ein explosionsartiges Heraus-
knallen von Lauten, manchmal auch von Worten, die als
Gesamtmuster in unserem Gehirn vorhanden sind. Sie
werden dort angestoßen, nicht automatisch gebremst und
geraten dann unkontrolliert nach außen.

Was verursacht die Symptome?

Die Ursache ist bisher noch nicht gefunden. Wir wissen
aber einiges über die Stellen im Gehirn, an denen sich bei
TS-Patienten Auffälligkeiten zeigen, und über die Stoff-
wechselvorgänge im Gehirn, die aus dem Gleichgewicht
geraten sind. Die derzeitigen Forschungsergebnisse sprechen dafür, daß bei dem TS ein gestörter Stoffwechsel
von zumindest einer chemischen Substanz im Gehirn vorliegt. Es handelt sich dabei um das Dopamin. Dies ist ein
sogenannter Neurotransmitter, ein Überträgerstoff in unserem Gehirn, der für die Informationsweiterleitung, zum
Beispiel im Rahmen von Bewegungsprogrammen, wichtig
ist. Man vermutet, daß auch andere Neurotransmitter,
zum Beispiel Serotonin, betroffen sind und somit ein Un-
gleichgewicht der zentralnervösen Botenstoffe vorliegt,
das zum Beispiel durch die medikamentöse Behandlung
wieder ausgeglichen werden kann.

Ist das Tourette-Syndrom vererbbar?

Verschiedene Studien weisen daraufhin, daß es auch eine
erbliche Form des TS gibt. Sehr wahrscheinlich handelt
es sich um ein vererbtes Gen. Durch die Wechselwirkung
dieses Gens, der erblichen Anlage zum TS, mit anderen
Faktoren, etwa Umwelteinflüssen wie Infektionen, Rei-

fung, wird die Verschiedenartigkeit der Symptomatik bei den einzelnen Familienmitgliedern bewirkt. Eine Person mit einem TS überträgt mit einer Wahrscheinlichkeit von 50 Prozent das Gen auf seine Kinder. Allerdings kann sich diese genetische Disposition später ganz unterschiedlich zeigen: als leichte Tic-Störung oder als Zwangsstörung ohne Tics. Es ist bekannt, daß sich in den Familien von TS-Patienten überzufällig häufig Familienmitglieder mit leichten Tic-Störungen und zwanghaften Verhaltensweisen finden.

Das Geschlecht der Kinder beeinflußt ebenfalls, wie das Gen wirksam wird. Die Wahrscheinlichkeit, daß ein Kind mit einem TS-Gen Symptome entwickelt (seien sie leichterer oder schwererer Art) ist bei einem Sohn mindestens drei- bis viermal höher als bei einer Tochter. Allerdings entwickeln lediglich etwa zehn Prozent der Kinder, denen ein TS-Gen vererbt wurde, eine schwer ausgeprägte TS-Symptomatik.

Neben der erblichen Form des TS gibt es aber auch nichterbliche Formen, sogenannte sporadische Formen des TS. Die Ursachen sind bis jetzt völlig unbekannt. In manchen Fällen könnte eine Entzündung im Gehirn stattgefunden haben, auf die das irritierte Hirn mit den genannten Symptomen antwortet.

Was halten Sie von der Interpretation der Tics als »archaische Urtriebe«, die in jedem Menschen vorhanden sind, von Tourette-Betroffenen nur extremer und intensiver ausgelebt werden?

Wenn ein Mensch, der von einem Tourette-Syndrom betroffen ist, für sich diese Art der Erklärung als passend ansieht, dann ist das seine ganz persönliche Bewertung und zu respektieren.

Allerdings, wissenschaftlich belegt ist eine solche Sichtweise keineswegs, zumal vor einer sachlichen Prüfung noch geklärt werden müßte, was mit dem diffusen Begriff »archaischer Urtrieb« wirklich gemeint ist.

Manchmal empfinden Tourette-Betroffene ihre Krankheit als Fremdkörper, beschreiben ihren Zustand als vom »Es« bestimmt. Kann das Tourette-Syndrom also eine Form von »Besessenheit« sein?

Aus heutiger Sicht müssen wir das verneinen. Der TS-Betroffene ist in seiner geistigen Willensfreiheit grundsätzlich nicht eingeschränkt, auch wenn manche aufgrund massiver Tics und Zwänge zeitweise die unberechtigte Sorge haben, sie könnten »verrückt« werden. Wir wissen, daß das Tourette-Syndrom eine primär neurologische Erkrankung ist und in seiner Gesamtheit wegen zusätzlicher psychiatrischer Probleme, zum Beispiel Zwangsverhalten, als neuropsychiatrische Erkrankung gesehen werden muß. Eine andere Sache ist es, wie die Menschen ihre Tics und Zwänge erleben und für sich subjektiv interpretieren. Es gibt Tourette-Kranke, die schieben das Ganze einfach von sich und sagen, damit habe ich nichts zu tun, das zuckt zwar manchmal, aber das will ich nicht weiter beachten. Es gibt andere, die sagen, da in meinem Kopf gibt es zwei Männchen, das eine ist ein Tic-Männchen, das andere ist ein Zwang-Männchen. Manchmal bin ich stärker als eins von beiden, und manchmal sind sie stärker als ich. Oder andere meinen, das ist ein Teil meiner Person, das gehört zu mir, so bin ich. Wie einer eine krumme

Nase hat, so habe ich meine Tics und muß damit zurecht-
kommen. Ich schaffe das schon. Die Interpretationen sind
sehr verschieden. Das Gefühl, gegenüber der Erkrankung
ohnmächtig zu sein, nur noch von ihr bestimmt zu werden, ist bei TS-Patienten kaum vorhanden. Die meisten
Patienten mit Tourette-Syndrom lassen sich nicht von ihrer Erkrankung überwältigen.

Sind Tourette-Kranke gefährlich für ihre Umgebung?

Nein! Manche gefährden eher sich selbst. Die motorischen Tics beinhalten Schlagen gegen den eigenen Körper
oder das Schlagen des Kopfes gegen die Wand. Ist ein TS-
Patient aggressiv, hat er Wutausbrüche, Wutimpulse,
dann sind es meistens Impulse zum selbstverletzenden
Verhalten.

Wie ist es mit Aggressionen beim Tourette-Syndrom?

Sie stehen vielfach im Zusammenhang mit den Zwangs-
impulsen, die andrängen und bestimmte Handlungen for-
dern. Oftmals kommt es zu einer Unzufriedenheit, weil
der Tic beziehungsweise der Zwang nicht so umgesetzt
werden kann, wie es der innere Drang vorgibt. Dadurch
kommen oft Zuckungen und Lautäußerungen zustande,
die »genau daneben liegen«. Dies kann dann dazu führen,
daß der Patient eine mangelnde emotionale Impulskontrolle, also eine mangelnde Kontrolle der aufwallenden
Gefühle erlebt. Das wiederum kann schnell zu aggressi-
ven Tendenzen führen, die aber kaum gegen andere Menschen gerichtet sind. Tourette-Patienten passiert es eher,
daß sie sich selbst vermehrt und vehement gegen die Brust

oder gegen die Wange schlagen, weil sie einfach dieser Impulse nicht mehr Herr werden können. Allerdings drängen Tics mitunter gerade dann an, wenn sie in der Situation provokativ wirken können, zum Beispiel Lautäußerungen in schweigender Umgebung oder Muskelzukkungen beim Essen.

Was unterscheidet den Tic von einer Marotte?

Den Tic kann man zwar über einen gewissen Zeitraum unterdrücken, man kann ihn sich jedoch nicht abgewöhnen. Über das Verschwinden und Wiederauftreten eines Tics hat der Patient keine Kontrolle. Eine Marotte kann man sich – mit einiger Willenstärke – abgewöhnen.

Wie sollen die sogenannten »Normalen« mit einem Tourette-Kranken umgehen?

Sie sollten versuchen, die sachliche Information, die sie von einem Betroffenen über seine Krankheit erhalten, aufzunehmen und zu verstehen. Anschließend kann man manchmal schnell erkennen, daß hinter den ins Auge springenden Tics interessante Persönlichkeiten stecken, die genauso ernst genommen werden wollen und können wie jeder andere Mensch auch, mit denen man genauso umgehen kann und soll wie mit anderen Personen.

Ist das Tourette-Syndrom eine Herausforderung an unsere Toleranz, das Anderssein von Menschen zu akzeptieren?

Ich denke, das kann man so sehen. Es geht ja nicht nur um Menschen mit einem Tourette-Syndrom, sondern auch um andere Leute, die irgendwelche Erkrankungen oder Behinderungen haben.

Das, was die Tourette-Patienten immer wieder berichten, ist, daß für sie Probleme auftreten, wenn sie angepöbelt oder gehänselt werden. Zum Beispiel war vor kurzem ein junger Mann bei mir, der hat schwere abrupte Muskelzukkungen. Er wurde von anderen angepflaumt, die zu ihm sagten: »Techno ist out!« Und er solle auch gefälligst das Grunzen lassen. Die sogenannten Gesunden haben dem jungen Mann gar nicht die Chance gegeben, sich zu erklären. Die sachliche Information, die von dem Betroffenen kommen kann, aufzunehmen, das wäre schon ein guter Weg. Denn damit haben Tourette-Patienten gute Erfahrungen gemacht.

Wie wird ein Tourette-Syndrom diagnostiziert?

Die Diagnose wird dadurch gestellt, daß die entsprechenden Symptome beobachtet werden und der bisherige Verlauf der Erkrankung genau beleuchtet wird. Es gibt keinerlei Blutanalyse oder irgendeine andere Art neurologischer oder psychologischer Untersuchungsverfahren, die aus sich heraus die Diagnose eines Tourette-Syndrom erlauben.

Um das TS von anderen neuropsychiatrischen Erkrankungen sicher abzugrenzen, sind in manchen Fällen ein Elektroenzephalogramm oder sonstige medizinische Untersuchungen sinnvoll. Fragebogen und Schätzskalen sind verfügbar, um Art und Weise sowie Schweregrad der Tic-Störung besser beurteilen zu können.

Gibt es eine Therapie, die zur vollkommenen Heilung führt?

Bisher leider nicht.

Wie sieht der Krankheitsverlauf beim Tourette-Syndrom aus?

Die Tics treten in aller Regel um das siebte Lebensjahr erstmals auf, nehmen dann einen wechselnden Verlauf, meist allmähliche Zunahme, verstärken sich während der Pubertät und lassen zwischen dem sechzehnten und sechsundzwanzigsten Lebensjahr meistens wieder nach. Bei einigen Betroffenen verschwinden die Tics vollständig; wenige Personen müssen versuchen, ein Leben lang mit den Tics zurechtzukommen. Es besteht eine normale Lebenserwartung.

Darf man mit einem Rückgang der Beschwerden rechnen?

Vielen Personen mit einem TS geht es im Lauf ihrer Entwicklung vom Kind zum Erwachsenen besser. Diese Chance haben etwa siebzig Prozent der Kranken. Besonders diejenigen, die leicht betroffen sind. In Einzelfällen wurde auch schon von einer vollständigen und endgültigen Rückbildung der Symptomatik berichtet.

Wie würde man einen typischen Fall von Tourette-Syndrom beschreiben?

Das Wort »typisch« kann nicht ohne weiteres auf das TS angewendet werden. Die Symptomatik zeigt sich in einem breiten Spektrum, von sehr milden – dies gilt für die meisten betroffenen Menschen – bis hin zu sehr schweren

Formen, die von nur wenigen Kranken durchlitten werden müssen.

Wie wird das Tourette-Syndrom behandelt?

Die Mehrheit der Menschen, die ein TS zeigen, sind durch diese Tics oder ihre Verhaltensschwierigkeiten nicht wesentlich beeinträchtigt und benötigen deswegen keinerlei Medikation oder sonstige fachlichen Hilfen. Sollen aber motorische und vokale Tics behandelt werden, so stehen uns verschiedene Medikamente zur Verfügung, um die Symptome zu kontrollieren, wenn sie für den Betroffenen und seine Familie eine besondere Belastung darstellen. In Deutschland steht an erster Stelle das Medikament Tiaprid – Tiapridex® –, aber auch Pimozide – Orap® – und Haloperidol – Haldol® – können eingesetzt werden. In den USA werden in einigen Fällen noch Clonidin – Catapresan®–, Fluphenazin – Dapotum® oder Lyogen® – sowie Clonazepam – Rivotril® – verabreicht, ohne daß ihre Wirksamkeit gut belegt ist. Stimulantien wie Methylphenidat – Ritalin® – oder Pemoline – Tradon®–, die bei Kindern mit einem Hyperkinetischen Syndrom verschrieben werden, können mitunter Tics verstärken. Man sollte daher mit ihrem Einsatz bei Kindern mit Tic-Störungen zurückhaltend sein. Falls ein TS von starken Zwangsstörungen begleitet ist, so kann die Gabe von Clomipramin – Anafranil® –, Fluvoxamin – Fevarin® –, Paroxetin – Tagonis® – oder Fluoxetin – Fluctine® – sinnvoll sein. Mit dem Medikament Sulpirid – Dogmatil® – lassen sich bei der Kombination von TS und Zwangsstörungen beide Störungsbereiche mit einer Substanz behandeln.

112

Die Dosis, die notwendig ist, um eine optimale Kontrolle der Symptome zu erreichen, variiert von Patient zu Patient und muß mit ihm und seiner Familie gut auf seine individuellen Bedürfnisse abgestimmt werden. In der Regel werden die Medikamente in niedrigen Dosen verabreicht, um mit allmählicher Erhöhung der Menge den Punkt zu erreichen, an dem die beste Wirkung mit geringsten Nebenwirkungen vorliegt.

An dieser Stelle möchte ich ausdrücklich darauf hinweisen, daß dieses Gespräch lediglich dazu dienen soll, sich über das Tourette-Syndrom zu informieren. Die gelieferten Informationen sollen keinen medizinischen oder fachlichen Rat ersetzen. Niemand sollte aufgrund meiner Antworten eine Behandlung beginnen, verändern oder abbrechen. Wenn solche Überlegungen entstehen, suchen Sie bitte erst einen Arzt auf.

Welche Nebenwirkungen haben diese Medikamente?

Einige unerwünschte Reaktionen auf die Medikamente können Gewichtszunahme, Müdigkeit, leichte motorische Unruhe oder, wie bei Haloperidol, schmerzhafte Muskelsteifheit sein. Die meisten Beschwerden lassen sich durch Zurücknehmen der Dosierung vermeiden. Manche Nebenwirkungen, etwa die Muskelsteifheit, können durch spezielle Zusatzmedikamente gelindert werden. Zu den Nebenwirkungen gehören auch Lustlosigkeit, Depressivität, Schwunglosigkeit, Neigung zum Rückzugsverhalten und Minderung der geistigen Aktivität. Auch hier wird eine Verminderung der Dosierung oder ein Wechsel des Medikamentes aus den Schwierigkeiten herausführen.

Wie lange soll man Medikamente einnehmen?

Hat man sich zur Medikation entschlossen, sollten die Medikamente mindestens ein Jahr lang eingenommen werden, ehe man über die Fortführung oder das Absetzen entscheidet. Im Falle der Fortführung einer medikamentösen Behandlung sollte man diese Frage jedes Jahr erneut prüfen.

Es ist ratsam, die Medikamente allmählich und nur unter ärztlicher Kontrolle abzusetzen, um mögliche unerwünschte Effekte, etwa das verstärkte Wiederauftreten der Tics, zu vermeiden. Vielfach nehmen erwachsene TS-Patienten nach und nach immer weniger Medikamente ein, das heißt, sie können im Lauf der Zeit immer besser mit ihren Tics umgehen und/oder erfahren eine spontane Linderung.

Gibt es alternative Behandlungsmöglichkeiten?

Entspannungsverfahren, Biofeedback-Techniken und andere verhaltenstherapeutische Vorgehensweisen können zum einen Streßreaktionen vermindern helfen, die Tics verstärken, zum anderen können sie auch die Selbstkontrolle der Tic-Symptomatik verbessern. So kann gelernt werden, daß man einen sozial unangenehmen Tic eher durch eine Bewegung ersetzt, die sozial akzeptabler ist. Auch sonstige psychotherapeutische Maßnahmen kommen in Frage, um einen Betroffenen und seine Familie dabei zu unterstützen, daß der innere und äußere Umgang mit dem Tic besser gelingt. Hier ist auf den Einzelfall bezogener fachlicher Rat angebracht.

Wie viele Personen mit einem Tourette-Syndrom gibt es in Deutschland?

Die tägliche Erfahrung zeigt, daß es viele Personen mit einem TS gibt, bei denen die Diagnose bisher noch nicht gestellt wurde. Daher können die verfügbaren Zahlen nur Annäherungswerte darstellen. In den USA gibt es 100 000 Menschen, die ein voll ausgeprägtes TS haben. Das bedeutet, daß etwa fünf von 10 000 Einwohnern ein TS unterschiedlichen Schweregrades haben. Überträgt man diese Zahlen auf die Bundesrepublik Deutschland, müßten hier etwa 40 000 Personen mit einem TS leben.

Wie wichtig ist das soziale Umfeld für den Verlauf der Krankheit?

Wie bei jeder neuropsychiatrischen Erkrankung ist die stützende und verstehende Umgangsweise des Umfeldes von großer Bedeutung; vor allem um ungünstige Reaktionen auf die Erkrankung, zum Beispiel Resignation, Ausgrenzung, Rückzugsverhalten, zu vermeiden und positive Perspektiven beizubehalten oder zu entwickeln. Dies gilt besonders für die Persönlichkeitsreifung im Kindesalter.

Benötigen TS-Patienten spezielle erzieherische, schulische oder berufliche Hilfen?

Kinder mit einem TS besitzen etwa die gleiche geistige Leistungsfähigkeit wie andere Kinder ihres Alters. Dennoch haben viele Kinder mit einem TS Lernschwierigkeiten. Dies hängt vor allem damit zusammen, daß fünfzig bis sechzig Prozent der Kinder mit einem TS auch von einem Hyperkinetischen Syndrom betroffen sind. Es kommt noch hinzu, daß sie mit ihren Tics zu kämpfen haben. Für jedes einzelne Kind muß eine passende Lösung gefunden werden. Dies kann die Benutzung von Schreibmaschinen oder Computern wegen Lese- oder Schreibproblemen bedeuten, Prüfungen in speziellen Räumen, wenn vokale Tics ein großes Problem darstellen oder die Erlaubnis, den Klassenraum zu verlassen, wenn die Tics sich unüberwindbar angestaut haben.

Kommt es zu weiteren Verhaltensschwierigkeiten, sind Maßnahmen einsetzbar, die bei Kindern ohne ein Tourette-Syndrom, aber mit ähnlichen Störungen von seiten der Kinder- und Jugendpsychiatrie angeboten werden.

Nur vom TS schwer betroffene Personen müssen mit Einschränkungen ihrer privaten und beruflichen Lebensgestaltung rechnen. Dabei können und sollen sie alle verfügbaren staatlichen Hilfen nutzen.

Ist es wichtig, das Tourette-Syndrom früh zu behandeln?

Ja, insbesondere in den Fällen, bei denen die Symptomatik so ausgeprägt ist, daß die Kinder als bizarr, störend und angstauslösend erlebt werden und Kind und Umgebung unter dem TS leiden. Nicht selten bewirken TS-Symptome, daß die Kinder ausgelacht und von ihren Altersgenossen zurückgewiesen werden, sich Nachbarn, Lehrer und andere Personen über die Kinder beschweren, den Eltern Vorwürfe machen. Auch die Eltern selbst können mitunter über das merkwürdige Verhalten ihrer Kinder erschrocken sein. Ebenso kann das Kind im Selbsterleben seiner Tic-Symptomatik zunehmend aus dem seelischen Gleichgewicht geraten. Diese Schwierigkeiten

können im Lauf der Entwicklung eventuell noch zuneh-
men, gerade wenn Jugendliche in eine ohnehin schwierige
Entwicklungsphase eintreten. Um derartige psychologi-
sche Folgewirkungen zu vermeiden und dem Kind eine
möglichst günstige Entwicklung zu ermöglichen, sind eine
frühe diagnostische Sicherheit und eine frühe Behandlung
von Kind und Familie unbedingt anzuraten.

Eine frühe Diagnose ist auch deswegen wichtig, weil die
Patienten oft nicht wissen, unter welcher Krankheit sie
leiden, was sehr verunsichernd ist. Durch die Diagnose
bekommt das »Fremde« in ihnen einen Namen, und
dadurch ergibt sich die Chance, sich damit vertraut zu
machen. Kleine Kinder merken, daß sie hin und wieder
zucken, oder die Umgebung gibt ihnen zu erkennen, daß
sie gerade gezuckt haben, aber sie haben noch eine ziemli-
che Distanz zu ihren Muskelzuckungen und zu ihren
Lautäußerungen. Wenn die Kinder älter werden, beobachten sie sich stärker und übernehmen mehr Eigenver-
antwortung für sich und damit auch für die Tics und
eventuell auch für die Therapie, die zu dem Zeitpunkt
stattfindet. So integrieren sie die Symptomatik mehr und
mehr in ihre Persönlichkeitsentwicklung. Wenn es gut
läuft, dann können sie schließlich sagen, daß das TS ein
Teil ihrer Person ist. Sie können es annehmen und damit
auskommen; sei es mit oder ohne therapeutische Hilfen.

Welche Art der fachlichen Unterstützung gibt es?

In erster Linie ist fachlicher Rat bei Kinder- und Jugend-
psychiatern, Kinderärzten und Nervenärzten zu suchen.
Mittlerweile gibt es in Deutschland auch eine Tourette-
Gesellschaft. Darin haben sich Betroffene, Fachleute und

Interessierte zusammengeschlossen, um gemeinsam folgendes zu erreichen:

- eine schnelle Information über neue Forschungsergebnisse in aller Welt,
- eine wirksame Öffentlichkeitsarbeit zum Abbau von Vorurteilen,
- Beratung und Hilfe bei Problemen,
- Erfahrungsaustausch und
- Förderung therapeutischer Möglichkeiten.

Eltern, die ein Kind mit einem TS haben, machen eine Gratwanderung zwischen erzieherischer Notwendigkeit, verständnisvollem Umgang und Überbehütung. Sie müssen ständig entscheiden, ob gewisse Handlungen ihres Kindes Ausdruck des TS sind oder Verhaltensauffälligkeiten, die erzieherisch korrigiert werden müssen und können.

Eltern eines Kindes mit einem Tourette-Syndrom sollten ihrem Kind die Möglichkeit geben, sich so unabhängig wie möglich zu entwickeln. Dabei sollten sie sich nicht scheuen, in liebevoller, aber konsequenter Weise Grenzen zu setzen, wie sie das bei nicht betroffenen Geschwistern auch tun würden; nicht zuletzt deshalb, weil Kinder mit einem TS ihre Symptomatik manchmal dazu benutzen, um in ihrer Umgebung Vorteile zu erreichen.

Welchen Weg geht die zukünftige Forschung zum TS?

Man versucht, die Beziehung zwischen Gehirnfunktion und Verhalten beim TS noch weiter zu erhellen. Dazu werden die modernen bildgebenden Verfahren wie Kernspintomographie und topographische Analyse der elektrischen Hirnaktivität genutzt. Man untersucht auch Gehirne verstorbener TS-Patienten. Ferner will man die Frage der Erblichkeit noch besser klären und auch mögliche andere Gründe, zum Beispiel Infektionen, Immunsystemstörungen, prüfen.

Schließlich sollten wir noch mehr über das Selbsterleben der Betroffenen, den Einfluß der Umgebung auf die Tics und deren Entwicklung sowie die Bedeutung von gleichzeitig auftretenden Störungen, etwa HKS oder Zwanghaftigkeit, für den Verlauf des TS erforschen, um bessere Behandlungsmöglichkeiten anbieten zu können. Ein neues erfolgversprechendes Heilmittel steht immer noch auf der Wunschliste von Patienten und Ärzten.

Ein russischer Neuropsychologe sagte: »Ich kenne kein Syndrom, das ähnlich interessant ist wie das Tourette-Syndrom.« War das für Sie auch Anlaß, sich so intensiv mit dieser Krankheit zu beschäftigen und sich auf das Tourette-Syndrom zu spezialisieren?

Am Anfang stand für mich die Herausforderung durch die Patienten, die Heilung suchten. Das bedeutete, eine bessere Behandlungsmöglichkeit der Tics zu finden und dabei die Störung besser kennenzulernen. Die von mir etablierte medikamentöse Therapie der Tics mit Tiapridex® war dabei ein wichtiger Schritt. Ich habe nach und nach gemerkt, wie spannend es ist, die Zusammenhänge bei Tic-Störungen herauszufinden, und wie vielschichtig das Tourette-Syndrom ist. Das hört nicht bei den Muskelzuckungen und den Lautäußerungen auf. Die Kinder haben vielfach zusätzlich Aufmerksamkeitsstörungen. Häufig ist mit der Krankheit auch Zwanghaftigkeit verbunden, das heißt, es kommen Verhaltensweisen hinzu, die

das ganze Leben und Erleben sowie die Persönlichkeitsentwicklung des Menschen entscheidend beeinflussen.

Das hat mich sehr interessiert und nicht mehr losgelassen.
Nach wie vor faszinieren mich beim Tourette-Syndrom
Fragen, die trotz aller Fortschritte weiterhin auf bessere
Antworten warten: Wie stehen Gehirnfunktionen und
Verhalten in Verbindung? Welche Behandlungsmöglich-
keiten lassen sich daraus ableiten? Wie erlebt ein Betroffe-
ner seine Krankheit? Wie gehen er und seine Familie da-
mit um? Welche Bedeutung schreibt er diesen Tics zu?
Sieht er seine Symptome wie ein Fachmann, oder findet
er eigene Erklärungsmuster und Interpretationen für seine
Krankheit? Was kann der Spezialist daraus lernen?

Was ist eine Tourette-Gesellschaft?

Mittlerweile gibt es Tourette-Gesellschaften in verschie-
denen Ländern. Eine besonders große Organisation existiert in den USA. Ebenso wie diese will die Tourette-
Gesellschaft Deutschland, gegründet als gemeinnützige
Körperschaft im Jahr 1993, folgende Aktivitäten entfalten:

- Organisation von Informationsveranstaltungen für Laien
  und Fachleute und von wissenschaftlichen Tagungen.
- Entwicklung und Verteilung von Informationsmaterial
  an Einzelpersonen, Fachleute und Organisationen im
  Bereich der Gesundheitsfürsorge, der Erziehung und
  der Administration.
- Unterstützung von Forschungsaktivität, um die Ursache
  und die Heilbehandlung für ein TS zu finden und gleichzeitig dazu beizutragen, daß Behandlungsmöglichkeiten,
  zum Beispiel die Medikation, verbessert werden.
- Unterstützung von Betroffenen in allen Fragen.

- Austausch mit anderen Tourette-Gesellschaften, zur Zeit sind das vor allem die aus den USA, Australien, Norwegen, den Niederlanden und Belgien.

Warum sollte man Mitglied der Tourette-Gesellschaft Deutschland e. V. werden?

- Im Rahmen der organisierten Treffen kann man mit anderen Patienten und Familien gemeinsame Probleme besprechen und für sich und andere hilfreiche Unterstützung erfahren.
- Um zu helfen, daß das TS frühzeitig identifiziert und behandelt wird.
- Um durch die Rundbriefe der Tourette-Gesellschaft Deutschland die besten und aktuellsten Informationen zum TS zu erhalten, sei es über Diagnostik, Behandlung, Forschungsprogramme oder wissenschaftliche Entwicklungen.
- Mitzuhelfen, das Tourette-Syndrom zu bewältigen.

Woher hat das Tourette-Syndrom seinen Namen?

1825 wurde der erste Fall eines TS in der medizinischen Literatur beschrieben. Es handelte sich um eine adlige Dame, die Marquise de Dampierre. Ihre Symptome waren unwillkürliche motorische Tics verschiedener Art und auch verschiedene Lautäußerungen einschließlich der Koprolalie und der Echolalie. Sie wurde 86 Jahre alt. Ihr Fall wurde von Dr. Georges Gilles de la Tourette (ein französischer Nervenarzt, nach dem die Erkrankung schließlich benannt wurde) 1885 erneut aufgegriffen und zusammen mit acht weiteren Fällen beschrieben.

Wo können Betroffene Hilfe finden?

Tourette-Gesellschaft Deutschland e. V.
c/o Prof. Dr. med. Aribert Rothenberger
Universität Göttingen
Abteilung für Kinder- und Jugendpsychiatrie –
Psychotherapie
von-Siebold-Str. 5
37075 Göttingen
Telefon: 05 51/39 67 27
Fax: 05 51/39 81 20

Die Geschichte der Tics

Wie lange es das rätselhafte Tourette-Syndrom schon gibt, weiß niemand. Doch obwohl die moderne Medizin diese Tic-Erkrankung erst jetzt entdeckt, finden sich in fast allen geschichtlichen Epochen schon Beschreibungen. Die älteste Erwähnung stammt von dem griechischen Gelehrten, Arzt und Hippokrates-Schüler Aretios von Kappadokien, der schon vor etwa 2000 Jahren Fälle von Zuckungen, Grimassenschneiden, Gebell, plötzlichen Flüchen und unvermittelten blasphemischen Äußerungen beschrieb, aber keine befriedigende wissenschaftliche Erklärung für dieses Krankheitsbild fand. Immer wieder machte er für die Krankheit »den Einfluß der Götter« verantwortlich oder diagnostizierte »Manie« oder »Wahnsinn« bei diesen verhaltensauffälligen Patienten, zum Beispiel bei einem ihm bekannten Handwerker:
»Ein Zimmermann war in seinem Geschäft ein ganz tüchtiger Mann. Er verstand es sehr gut, das Holz abzumessen, zu spalten, zu glätten, mit Nägeln zu befestigen, aneinanderzufügen, ein Gebäude mit vielem Geschick aufzubauen, mit seinen Lohnherrn zu unterhandeln, Contrakte abzuschließen und den gehörigen Lohn für die Ar-

beit auszubedingen. Befand er sich auf seinem Bauplatz, so war er vollkommen bei Verstande. Wenn er aber auf den Markt oder in das Bad oder anderswohin gehen wollte, so legte er seine Werkzeuge weg, seufzte erst einmal und zog dann beim Fortgehn die Schultern in die Höhe. Hatte er sich nun aus dem Gesichte der Gesellen, von seiner Arbeit und dem Werkplatze entfernt, so verfiel er in die vollste Raserei. War er dann wieder zurückgekehrt, so hatte er auch sogleich seinen Verstand wieder.«*

Dieser ersten Beschreibung eines Tic-Patienten, der sich vermutlich bei der Arbeit bemüht, nicht durch seine Krankheit aufzufallen, und dann nach dieser Konzentration und ständigen Anspannung seine aufgestauten Tics »entlädt«, folgten in den nächsten Jahrhunderten noch weitere. Daß die Krankheit in jedem Volk, in jeder Kultur vorkommt und keine Gesellschaftsschichten verschont, zeigt das Beispiel des römischen Imperators und Sonderlings Claudius (10 v. Chr. bis 54 n. Chr.), der am liebsten ausgefallene historische Studien trieb und zu Gericht saß. Von dem römischen Biographen und Geschichtsschreiber Suetonius erfahren wir etwa über dessen merkwürdige Angewohnheiten und seltsames Erscheinungsbild:

»Claudius besaß eine gewisse würdevolle Erscheinung, die sich am ehesten dann zu seinem Vorteil zeigte, wenn er saß oder stand und keine Gefühlsregung zeigte. Denn, obwohl er groß, gut gebaut und ansehnlich war sowie einen feingeschnittenen Kopf mit weißem Haar und einen schönen Nacken besaß, stolperte und wackelte er, wenn er ging, wohl wegen der Schwäche seiner Knie. Wenn er

---

* Die auf uns gekommenen Schriften des Kappadocier Aretaeus, aus dem Griechischen übersetzt von Dr. A. Mann, Wiesbaden 1858, S. 53

durch das Spiel oder das ernsthafte Geschäft erregt war, hatte er einige unangenehme Merkmale aufzuweisen. Es handelte sich dabei um unkontrolliertes Lachen, Speichelfluß im Bereich des Mundes, eine ›laufende‹ Nase, Stammeln und anhaltende nervöse Tics. Diese nahmen unter emotionaler Belastung so stark zu, daß sein Kopf von einer Seite zur anderen flog.«*

Obwohl es vermutlich auch berühmte historische Persönlichkeiten gab, die am Tourette-Syndrom litten, gibt es in der Geschichtsschreibung immer nur kurze und kaum aussagekräftige Erwähnungen dieser Krankheit. Daher wissen wir nur wenig über den Umgang mit Tourette-Kranken in vergangenen Zeiten. Anzunehmen ist, daß Unwissenheit und Aberglaube für die Betroffenen oft zu einer (lebens-)gefährlichen Kombination wurden. An der Schwelle zur Neuzeit erschien 1487 in Deutschland ein Buch, das später als »erfolgreichstes Handbuch der Hexenjäger« traurige Berühmtheit erlangte. Der »Hexenhammer« oder lateinisch »Malleus maleficarum« der beiden dominikanischen Inquisitoren Heinrich Institoris und Jakob Sprenger war eine Sammlung verschiedenster Schriften über und gegen das Hexenwesen. In dem Kapitel: »Über die Art, wie die Dämonen bisweilen durch Hexenkünste die Menschen leibhaftig besitzen« berichten die beiden Dominikaner über einen Priester, von dem heute viele Experten glauben, daß er an Zuckungen und Koprolalie, also an Symptomen des Tourette-Syndroms litt:

»Wenn er beim Vorrübergehen an einer Kirche die Kniee

---

* Zitiert nach: Aribert Rothenberger: Wenn Kinder Tics entwickeln, Stuttgart 1991, S. 200

zur Begrüßung der glorreichen Jungfrau beugte, dann streckte der Teufel seine Zunge lang aus seinem Munde heraus, und befragt, ob er sich dessen nicht enthalten könnte, antwortete er: ›Ich vermag das durchaus nicht zu tun, denn so gebraucht er all meine Glieder und Organe, Hals, Zunge und Lunge, zum Sprechen oder Heulen, wenn es ihm gefällt. Ich höre zwar die Worte, die er so durch mich und aus meinen Gliedern heraus spricht; aber zu widerstreben vermag ich durchaus nicht. Und je andächtiger ich einer Predigt zu folgen wünsche, desto schärfer setzt er mir zu, indem er die Zunge herausstreckt.‹«[*]

Als einzige Rettung für solche Menschen galt im Mittelalter der Exorzismus, um die Dämonen wieder auszutreiben. Änderte sich auch danach nichts, blieb oft nur die »reinigende Kraft des Feuers«, um die angeblichen Hexen und Dämonen auf ewig zu verbannen und die Seele der »Besessenen« zu retten. Viele Tourette-Kranke starben so sicherlich einen grausamen Flammentod oder mußten in ständiger Angst leben, wegen ihrer Tics bei der Inquisition denunziert zu werden. Der intolerante und menschenverachtende Umgang mit Tic-Betroffenen zu dieser Zeit hat bestimmt auch den Tourette-kranken Prince de Condé, einen Adligen am Hofe des Sonnenkönigs Ludwig XIV. (1638–1715), dazu bewogen, sich einen Vorhang oder andere schnell greifbare Gegenstände in den Mund zu stopfen, damit er seine unfreiwilligen Bellgeräusche und Schreie am Hofe unterdrücken konnte und nicht unangenehm auffiel.

[*] Jakob Sprenger, Heinrich Institoris: Der Hexenhammer, München 1993, 11. Auflage, S. 112

Trotz einer unbefriedigenden Quellenlage ist die Liste historischer Persönlichkeiten, denen Wissenschaftler heute nachträglich eine Tic-Erkrankung attestieren, lang und hochkarätig besetzt: Napoleon, Molière und Peter der Große gehören genauso dazu wie Wolfgang Amadeus Mozart. Neueste Untersuchungen schließen das vor allem aus den Briefen des musikalischen Genies an das »liebe Bäsle«. In den unflätigen, heute wie damals unverhältnismäßigen Kraftausdrücken, die er der jungen Frau schrieb, sehen manche heute Anzeichen für eine vorhandene Koprolalie, ein zwanghaftes Ausstoßen von Obszönitäten:

»...jetzt wünsch ich eine gute nacht, scheissen sie ins Bett, daß es kracht; schlafens gesund, reckens den Arsch zum Mund... leben sie recht wohl, ich küsse sie 1000mal und bin wie allzeit der alte junge Sauschwanz Wolfgang Amadé Rosenkranz.«*

Selbst vor seinem gestrengen Vater machte Mozart nicht halt und schrieb ihm ungewöhnlich deftige und respektlose Sätze:

»Nun addio. Ich küsse den papa... und auf das heisel nun begieb ich mich, und einen Dreck vielleicht scheisse ich...«**

Aus einem Brief an den Musiklehrer und Chorleiter Anton Stoll, der Mozarts musikalisches Schaffen stets unterstützte und auch Werke des jungen Komponisten aufführte, läßt sich ein der Palilalie (Wiederholen selbst gesprochener Wörter) nahestehendes Merkmal, nämlich sinnlos-mechanisches Plappern von Wörtern ohne erkennbaren Sinnzusammenhang, herauslesen:

* Zitiert nach: Wolfgang Hildesheimer: Mozart, Frankfurt 1977, S. 128.
** Zitiert nach: Wolfgang Hildesheimer, Mozart, a. a. O., S. 31.

»Liebster Stoll! bester Knoll! grosster Schroll! bist Stern-
voll! gell das Moll thut dir wohl?... Ich bin Ihr ächter
freund franz Süssmayer Scheißdreck. Scheißhäusel den
12. Juli«*

Erst 1885 gelang es Georges Gilles de la Tourette, einem
jungen französischen Neurologen und Freund Sigmund
Freuds, diese historischen Beobachtungen mit eigenen
Studien und Ergebnissen zu verknüpfen und damit erstmals das rätselhafte Leiden von anderen neurologischen
Erkrankungen zu unterscheiden und eine charakteristi-
sche Symptomatik zu entdecken. Neun Tourette-kranke
Patienten beobachtete er mit seinen Kollegen in einem
Zeitraum von bis zu 60 Jahren. Die bekannteste war Madame de Dampierre, deren Fall Georges Gilles de la Tourette von seinem berühmten Vorgänger und Lehrer Char-
cot übernahm. Mit sieben Jahren begannen bei Madame
de Dampierre die Tics in den Armen, später erschreckte
sie ihre adlige Umgebung mit obszönen Schreien. Über-
liefert sind uns von dem gewissenhaften Georges Gilles de
la Tourette die Wörter »Merde!« (Scheiße!) und »Salaud!«
(Dreckschwein). Nicht nur diese Schimpfwörter der Madame de Dampierre verewigte Tourette für die Nachwelt,
er analysierte auch die Eigenheiten seiner adligen Patien-
tin genau:

»Frau von Dampierre, derzeit 26 Jahre, war im Alter von
sieben Jahren betroffen von krampfhaften Kontraktionen
der Hand- und Armmuskeln, die sich vor allem in den
Augenblicken einstellten, in denen das Kind versuchte zu
schreiben, und wobei sich sehr abrupt seine Hand von
den Buchstaben, die es gerade schreiben wollte, wegzog.

* Zitiert nach: Wolfgang Hildesheimer, a.a.O., S. 283

Nach diesem Rucken wurden die Bewegungen seiner Hand wieder regulär und waren dem Willen unterworfen, bis daß eine andere plötzliche Zuckung die Arbeit der Hand von neuem unterbrach. Man sah in dem ganzen zuerst nur eine Art Lebhaftigkeit oder Übermut, die, als sie sich mehr und mehr wiederholten, zum Grund für Tadel und Bestrafung wurden. Aber bald gewann man die Gewißheit, daß diese Beschwerden unwillkürlich und krampfhaft waren, und man sah daran auch die Muskulatur der Schultern, des Halses und des Gesichtes teilnehmen. Es kam zu Körperverdrehungen und außerordentlichen Grimassen. Die Erkrankung schritt weiter fort, die Spasmen breiteten sich auf die Stimm- und Sprechorgane aus, diese junge Person hörte man bizarre Schreie und Worte ausstoßen, die überhaupt keinen Sinn ergaben, aber alles, ohne daß ein Delirium vorgelegen hätte, ohne irgendeine geistig-seelische Störung . . . So kann es vorkommen, daß mitten in einer Unterhaltung, die sie besonders lebhaft interessiert, plötzlich und ohne daß sie sich davor schützen kann, sie das unterbricht, was sie gerade sagt oder wobei sie gerade zuhört, und zwar durch bizarre Schreie und durch Worte, die sehr außergewöhnlich sind und die einen beklagenswerten Kontrast mit ihrem Erscheinungsbild und ihren vornehmen Manieren darstellen; die Worte sind meistens grobschlächtig, die Aussagen obszön und, was für sie und die Zuhörer nicht minder lästig ist, die Ausdrucksweisen sind sehr grob, ungeschliffen oder beinhalten wenig vorteilhafte Meinungen über einige der in der Gesellschaft anwesenden Personen. «*

* Zitiert nach: Aribert Rothenberger: Wenn Kinder Tics entwickeln, a. a. O., S. 178f. Originalarbeit von Georges Gilles de la Tourette in der Zeitschrift »Archive de Neurologie«, 1885

Trotz dieser ständigen Fauxpas starb Madame de Dampierre einundachtzigjährig, ohne daß sie ihre gesellschaftliche Stellung wegen des Tourette-Syndroms hatte aufgeben müssen. Noch monatelang beschäftigten sich französische Zeitungen mit ihren Tics und druckten Listen obszöner Wörter, die sie zu benutzen pflegte.

Auch Georges Gilles de la Tourette wurde durch seine umfangreiche Fallstudie schnell in der Fachwelt berühmt. Als charakteristisch für das Syndrom beschrieb er detailliert ein konvulsivisches Zucken, unfreiwilliges Wiederholen von Wörtern oder Handlungen anderer (Echolalie und Echopraxie) sowie das zwanghafte Ausstoßen von Obszönitäten oder Flüchen (Koprolalie). Tourette fand auch heraus, daß mehr Männer als Frauen von dieser Krankheit betroffen sind und viele Patienten überdurchschnittlich intelligent sind. Zudem stellte er fest, daß die untersuchten Betroffenen sich ihres Zustandes bewußt waren, und grenzte das Tourette-Syndrom deutlich von der Epilepsie ab, mit der die Krankheit in der Vergangenheit immer wieder verwechselt worden war.

Er entdeckte schließlich, daß keiner seiner Patienten identische Symptome hatte und die meisten der Betroffenen Fälle von Tourette-Erkrankungen in ihrem nahen Verwandtschaftskreis hatten. Nur in einem Punkt irrte der französische Neurologe. Da er nur Erwachsene untersuchte, ging er davon aus, daß es sich beim Tourette-Syndrom um ein lebenslanges chronisches Leiden handelte. Erst in den letzten Jahren wurde Tourette an diesem Punkt korrigiert. Drei bis achtzehn Prozent der Tourette-Patienten, meist Jugendliche oder Erwachsene, erreichen eine vollkommene Heilung oder zumindest eine deutliche Verbesserung ihrer Krankheit.

Trotzdem haben viele Beobachtungen und Erkenntnisse Georges Gilles de la Tourettes bis heute Gültigkeit, und zu Recht wurde die »Maladie des tics«, die Krankheit der Tics, nach ihm benannt. Seine Leidenschaft für die verborgenen Seiten menschlichen Daseins wurden dem talentierten Neurologen und Spezialisten für Hysterien später allerdings zum Verhängnis. Eine junge Frau und schwere Paranoikerin wurde ihm aus dem Irrenhaus zur Untersuchung überstellt. In seinem Behandlungszimmer griff sie zur Pistole und schoß dreimal auf ihn. Eine Kugel traf Tourette direkt in den Kopf. Doch obwohl sie sofort herausoperiert wurde, erholte er sich nie wieder von diesem Anschlag. Zeitlebens litt er an Depressionen und allerlei Manien und starb schließlich in geistiger Umnachtung.

Nach dem Tod Georges Gilles de la Tourettes und seiner Entdeckung des Syndroms setzte eine Phase wildester wissenschaftlicher Spekulationen und Deutungen der Krankheit ein. Zunächst manifestierte sich die Sichtweise einer moralischen, nicht organischen Erkrankung als Ausdruck von Willensschwäche oder Boshaftigkeit, die man versuchte erzieherisch, etwa mit der Lektüre des Struwwelpeter, zu bekämpfen.

Ein Neueinsatz in der Beurteilung der Krankheit begann etwa um 1900, als Neurologen und der neu entstandene Berufsstand der Psychiater die Tics ihrer Patienten mit psychologischen Faktoren zu erklären versuchten. Auch der berühmte deutsche Dichter Rainer Maria Rilke scheint sich zu dieser Zeit mit dem Tourette-Syndrom beschäftigt zu haben. Während seines Aufenthaltes in Paris entstand als Ausdruck einer seelischen Krise der Roman »Die Aufzeichnungen des Malte Laurids Brigge«

131

(1910). Darin beschreibt Rilke, wie der Protagonist Malte Laurids Brigge in Paris einen Spaziergänger beobachtet, bei dem ihm eindeutige Symptome des Tourette-Syndroms auffallen. Die Krankheit hielt damit ihren Einzug in die Weltliteratur:

»...aber es zeigte sich, daß vor mir niemand ging als ein großer hagerer Mann in einem dunklen Überzieher... Ich vergewisserte mich, daß weder an der Kleidung noch in dem Benehmen dieses Mannes etwas Lächerliches sei, und versuchte schon an ihm vorüber den Boulevard hinunter zu schauen, als er über irgend etwas stolperte. Da ich nahe hinter ihm folgte, nahm ich mich in acht, aber als die Stelle kam, war da nichts, rein nichts. Wir gingen beide weiter, er und ich, der Abstand zwischen uns blieb derselbe. Jetzt kam ein Straßenübergang, und da geschah es, daß der Mann vor mir mit ungleichen Beinen die Stufen des Gangsteigs hinunterhüpfte in der Art etwa, wie Kinder manchmal während des Gehens aufhüpfen oder springen, wenn sie sich freuen. Auf den jenseitigen Gehsteig kam er einfach mit einem langen Schritt hinauf. Aber kaum war er oben, zog er das Bein ein wenig an und hüpfte auf dem anderen einmal hoch und gleich darauf wieder und wieder...

Ich muß gestehen, daß ich mich merkwürdig erleichtert fühlte, als etwa zwanzig Schritte lang jenes Hüpfen nicht wiederkam, aber da ich nun meine Augen aufhob, bemerkte ich, daß dem Manne ein anderes Ärgernis entstanden war. Der Kragen seines Überziehers hatte sich aufgestellt; und wie er sich auch, bald mit einer Hand, bald mit beiden umständlich bemühte, ihn niederzulegen, es wollte nicht gelingen... Aber gleich darauf gewahrte ich mit grenzenloser Verwunderung, daß in den beschäftigten

132

Händen dieses Menschen zwei Bewegungen waren: eine heimliche, rasche, mit welcher er den Kragen unmerklich hochklappte, und jene andere ausführliche, gleichsam übertrieben buchstabierte Bewegung, die das Umlegen des Kragens bewerkstelligen sollte. Diese Beobachtung verwirrte mich so sehr, daß zwei Minuten vergingen, ehe ich erkannte, daß im Halse des Mannes, hinter dem hochgeschobenen Überzieher und den nervös agierenden Händen dasselbe schreckliche, zweisilbige Hüpfen war, das seine Beine eben verlassen hatte ... Ich begriff, daß dieses Hüpfen in seinem Körper herumirrte, daß es versuchte hier und da auszubrechen. Ich verstand seine Angst vor den Leuten, und ich begann selber vorsichtig zu prüfen, ob die Vorübergehenden etwas merkten ... Ich wußte, daß, während er ging und mit unendlicher Anstrengung versuchte, gleichgültig und zerstreut auszusehen, das furchtbare Zucken in seinem Körper sich anhäufte; aber auch in mir war die Angst, mit der er es wachsen und wachsen fühlte, und ich sah, wie er sich an den Stock klammerte, wenn es innen in ihm zu rütteln begann. Dann war der Ausdruck dieser Hände so unerbittlich und streng, daß ich alle Hoffnung in seinen Willen setzte, der groß sein mußte. Aber was war da der Wille. Der Augenblick mußte kommen, da seine Kraft zu Ende war, er konnte nicht weit sein ...
Er wandte ein wenig den Kopf, und sein Blick schwankte über Himmel, Häuser und Wasser hin, ohne zu fassen, und dann gab er nach. Der Stock war fort, er spannte die Arme aus, als ob er auffliegen wollte, und es brach aus ihm aus wie eine Naturkraft und bog ihn vor und riß ihn zurück und ließ ihn nicken und neigen und schleuderte Tanzkraft aus ihm heraus unter die Menge. Denn schon

waren viele Leute um ihn, und ich sah ihn nicht mehr . . .«*

Mit der Psychoanalyse änderten sich die Erklärungsmodelle für das Tourette-Syndrom, das Rainer Maria Rilke so präzise und sensibel geschildert hatte. Gehemmte Aggressionen, analer Sadismus, narzißtischer Onanismus, Abwehrtendenzen gegenüber lustbetontem Daumenlutschen, unbewußter muskulärer Erotizismus gegenüber dem Vater: das waren zu dieser Zeit Erklärungsmodelle aus den »Abgründen der menschlichen Seele« für die Zuckungen, Schreie und Zwangshandlungen Tourette-Betroffener. Doch selbst Sigmund Freud, der Begründer der Psychoanalyse, stand diesen tiefenpsychologischen Ansätzen kritisch gegenüber und war davon überzeugt: »Es dürfte sich da um etwas Organisches handeln.«

Erst 40 Jahre später sollten sich die Vermutungen Freuds durch die Behandlung einzelner Patienten mit dem Psychopharmakon Haloperidol bestätigen. Doch auch die Sichtweise des Tourette-Syndroms als »biochemisches Phänomen«, das durch ein Mißverhältnis des Neurotransmitters Dopamin im Körper hervorgerufen wird, gilt heute als unzulänglich. Die moderne Tourette-Forschung versucht, das Syndrom in seiner gesamten Komplexität zu begreifen, und sieht das Leiden als kombinierte »biopsychosoziale« Funktionsstörung, für deren weitere Erforschung eine enge Zusammenarbeit unterschiedlichster medizinischer Fachgebiete unabdingbar ist.

Einen wichtigen Vorstoß im Umgang mit Tourette-Patienten machte in den achtziger und neunziger Jahren der

* Rainer Maria Rilke: Die Aufzeichnungen des Malte Laurids Brigge, insel-taschenbuch, S. 58–61

New Yorker Neurologe Oliver Sacks. Wichtiger als das Krankheitsbild der Betroffenen sind für ihn bis heute Biographie und Eigenheiten jedes einzelnen Tourette-Patienten. Fesselnd und aufregend sind seine Schilderungen Betroffener. Seine Botschaft lautet: Genauso variabel wie das Erscheinungsbild des Tourette-Syndroms muß auch der Umgang mit diesen Menschen sein, und nur sie selbst können entscheiden, was für sie am besten ist. Am deutlichsten wird dies am Beispiel von Witty Ticcy Ray, einem talentierten Jazz-Schlagzeuger und Patienten Sacks'. Auch er nahm das »Wundermittel« Haloperidol ein, das seine Tics unterdrückte. Doch damit verlor er auch seine schnelle Reaktionsfähigkeit beim Tischtennisspielen und seine musikalische Genialität. Auch seine Lieblingsbeschäftigung, das rasche Hinein- und Herausspringen an Drehtüren, führte nun zu einem Disaster. Mit einem blauen Auge und gebrochener Nase saß er nach einer Woche wieder im Behandlungszimmer von Oliver Sacks und sagte: »Nehmen wir an, Sie könnten die Tics vollkommen wegbekommen, was würde übrigbleiben? Ich bestehe aus Tics – es würde nichts übrigbleiben.«

Auch wenn für Betroffene wie Witty Ticcy Ray die Forschungslage weiter unbefriedigend bleibt, haben doch der jahrhundertelange Kampf der Betroffenen um Anerkennung und das selbstbewußte Auftreten von vielen Tourette-Kranken dazu geführt, daß selbst in der medizinischen Forschung heute der Mensch im Mittelpunkt steht und nicht seine Krankheit. Die Geschichte der Tics – heute wird sie nicht nur von Ärzten und Psychologen geschrieben, sondern auch von Menschen wie Witty Ticcy Ray, Mahmoud Abdul-Rauf, Stefan Wilkens, Christian Hempel und Marcel Weickart.

138

139

140

141

T5

142

143

144

145

146

147

149

ÜBERSETZT VON
PETER VAN DER MEER

RRV ▶ DER BESONDERE RATGEBER

Erna Klaus
Was ist bloß mit mir los?
Candida albicans – Maskierte Pilzerkrankungen:
wie man sie erkennt, behandelt, vermeidet
ISBN 3-89136-530-6

Völlig ahnungslos tragen sehr viele Menschen Pilzerreger zwischen
Mund und Darm und werden so in ihrem Immunsystem geschwächt.
Von vielen Ärzten mangels Fachwissen ignoriert, konnten sich
Pilzkrankheiten heimlich zur Massenkrankheit entwickeln.
Erna Klaus legt einen fundierten medizinischen Ratgeber vor:
von den vielfältigen Symptomen bis zur Behandlung.

Christine Tsolodimos
Das Öko-Verbraucher-Buch
Umweltbewußt einkaufen und verbrauchen
ISBN 3-89136-493-8

»Wie schafft man es, einen ökobewußten Haushalt zu führen,
ohne daß dies zum Mittelpunkt des Alltags werden soll? Schwer ist
das eigentlich nicht. Systematisch forstet Christine Tsolodimos die
potentiellen Umweltfallen durch, verweist jedoch auch auf die
vertretbaren Alternativen. Hier liegt ein flott geschriebener und
lohnenswerter Einkaufsführer vor.« *Saarländischer Rundfunk*

Yvonne Ward
Ein Fläschchen in Ehren
Frauen und Alkohol
ISBN 3-89136-492-X

»Die erfahrene Suchttherapeutin Yvonne Ward
zeichnet den Verlauf der zerstörerischen Krankheit anhand dreier
Lebensgeschichten nach. Sie zeigt auch, wie Frauen ihre Sucht
überwinden und ein neues Leben ohne Alkohol beginnen können.
Ein anschaulicher und ermutigender Bericht, ein Ratgeber für alle
direkt und indirekt Betroffenen.« *Mabuse*

RASCH UND RÖHRING VERLAG